Akasha-Chronik

Begib dich auf eine Reise in deine Seele, lies das Buch deines Lebens und entfessele die volle Kraft der Liebe und Heilung

Melissa Gomes

INHALTSVERZEICHNIS

Bonus: Kostenlose Audioversion dieses Buches

Wenn du gerne unterwegs Hörbücher hörst oder dich beim Lesen von einem Sprecher begleiten lässt, habe ich tolle Neuigkeiten für dich. Du kannst die Hörbuchversion ***dieses Buches*** KOSTENLOS herunterladen, indem du dich für eine 30-tägige Audible-Testversion anmeldest!

Besuche den folgenden Link:

https://swiy.io/AkashicRecordsAudio

ODER scanne den QR-Code mit deinem Handy:

Bonus: Kostenloses Arbeitsbuch - Wert ~~$12.99~~

Um dir dabei zu helfen, dir etwas Zeit für dich selbst zu nehmen und darüber nachzudenken, was du während der Lektüre des Buches tun solltest, habe ich ein kostenloses Workbook mit einigen Schlüsselfragen, die du dir stellen solltest, und einer To-Do-Liste vorbereitet, die dir helfen kann, tiefer in das Thema dieses Buches einzusteigen. Ich hoffe, das hilft dir!

Du findest das kostenlose Arbeitsbuch unter
>> https://swiy.io/AkashicRecordsMGWorkbook<<

ODER scanne den QR-Code mit der Kamera deines Handys

BONUS: KOSTENLOSES BUCH - WERT ~~$14.99~~

Als Dankeschön für das Herunterladen dieses Buches biete ich das eBook *RUNEN FÜR ANFÄNGER - Ein heidnischer Leitfaden zum Lesen und Werfen der Runensteine des Alten Futhark für Wahrsagerei, nordische Magie und moderne Hexerei kostenlos* an. In "*Runen für Anfänger*" enthüllt Melissa Gomes einige der interessantesten und geheimsten Aspekte des Runenlesens und Runenwerfens. Du wirst neue Einblicke in das magische Wort der Runen entdecken und wie du dich mit ihnen verbinden

kannst.

Klicke unten für das kostenlose Geschenk ODER scanne den QR-Code mit deinem Handy

EINFÜHRUNG

Die Akasha-Aufzeichnungen sind die Aufzeichnungen aller menschlichen Gedanken, Worte und Taten, die jemals existiert haben. Es ist ein Mythos, dass nur hochintelligente Menschen kreativ sind. Tatsächlich zeigt die Forschung, dass man ab einem IQ von etwa 120, der nur wenig über dem Durchschnitt liegt, kreativ ist. Auch wenn intelligente Menschen einen kleinen Vorteil haben, ist Intelligenz keine Voraussetzung für Kreativität. Das heißt, selbst wenn du nicht schlauer bist als die meisten Menschen, hast du das Potenzial, erstaunliche kreative Fähigkeiten zu entwickeln. Warum sind dann so wenige Menschen hoch kreativ? Weil es schlechte Angewohnheiten gibt, die man sich im Laufe des Heranwachsens aneignet und die die kreativen Bahnen im Gehirn unterdrücken. Und wie alle schlechten Angewohnheiten können sie durchbrochen werden, wenn du bereit bist, daran zu arbeiten." Hier sind 8 dieser schlechten Angewohnheiten, die du ablegen musst, um deine kreativen Kräfte zu entfesseln.

#Nr. 1: Arbeite für Geld. Wäre es nicht wunderbar, wenn wir reich werden könnten, ohne uns abmühen zu müssen? Wäre es nicht auch wunderbar, wenn das Leben einfacher und leichter wäre, so dass wir uns nicht so viele Sorgen um materielle Dinge machen müssten? Mit anderen Worten: Wie sähe die Welt aus, wenn wir nicht arbeiten müssten?

Nun, es wäre nicht der Himmel, aber es gäbe einige bedeutende Vorteile. Wichtig ist, dass du erkennst, dass es eine Option ist, nicht für Geld zu arbeiten. Solange wir leben, können wir uns nicht vor der Arbeit drücken. Wie Walt Disney sagte: "Alle unsere Träume können wahr werden - wenn wir den Mut haben, sie zu verfolgen." Du willst nicht nur von Geld träumen - du willst einen einfacheren Weg finden, es zu bekommen, damit du deine Zeit mit etwas Kreativerem verbringen kannst!

#Nr. 2: Übernehme nicht die Verantwortung für dein Leben. Du kannst ein Opfer der Umstände sein, die dich umgeben, oder du kannst etwas ändern und die Richtung deines Lebens selbst bestimmen. Hier kommt die Kreativität ins Spiel - wenn dir nicht gefällt, was mit dir geschieht, dann ändere es! Wie Merlin Mann sagte: "Glück kommt nicht daher, dass man bekommt, was man will, sondern dass man will, was man bekommt. "

#Nr. 3: Du hast keine Ziele. Was meinen die Leute, wenn sie sagen, dass jemand "richtungslos" ist? Das ist ein Codewort für mangelnde Produktivität - mit anderen Worten, die Person macht nichts Wichtiges in ihrem Leben, weil sie keine klare Vorstellung davon hat, wohin sie will. Das ist nicht anders, als wenn du ohne Karte irgendwo hinfährst - du wirst dich am Ende verfahren! Die Lösung? Entscheide, was du willst, und entscheide dann, wie du dorthin kommst."

#Nr. 4: Akzeptiere keine Ablehnung. Ablehnung kann Menschen zerbrechen, aber das muss nicht sein. Wenn du zum Beispiel schon einmal einen Job abgelehnt bekommen hast, den du haben wolltest, oder von jemandem abgewiesen wurdest, zu dem du dich in einer Beziehung hingezogen fühltest, dann weißt du, wie schmerzhaft das sein kann. Das Wichtigste ist, es nicht persönlich zu nehmen - akzeptiere einfach, dass es so ist, wie der Keks bröckelt, und komm wieder auf den richtigen Weg."

Nr. 5: Nicht aktiv werden. Das erste Prinzip der Kreativität ist, dass du einfach loslegen musst! Hör auf zu denken und zu reden - tu es einfach! Es wird immer Hindernisse auf deinem Weg geben, aber wenn du dich nicht bewegst, wohin gehst du dann? Du wirst nie wissen, was für eine großartige Sache daraus

entsteht, wenn du etwas riskierst, aber du wirst es wissen, wenn du es nicht tust."

#Nr. 6: Nimm keine Hilfe an. Wir hören ständig von jemandem, der es "alleine geschafft hat", und dass das gut so ist. Das mag stimmen, aber nur bis zu einem gewissen Punkt. Das Problem, wenn du keine Hilfe annimmst, ist, dass du dadurch all das verlierst, was andere Menschen wissen. Wenn du kreativ sein willst, musst du auch offen dafür sein, Ideen von anderen Menschen anzunehmen - so entstehen alle großen Innovationen! "Wenn ein Künstler seine Feder in sein Tintenfass taucht, ist er für das verantwortlich, was er damit macht", sagte Leonardo da Vinci."

#Nr. 7: Lerne nicht von anderen. Natürlich musst du alles über das, was du tun willst, herausfinden - aber es gibt einen wichtigen Vorbehalt: Lass deinen Lernprozess nicht zu einer passiven Erfahrung werden. Du musst rausgehen und einige Dinge selbst tun! So kommst du auf deine eigenen kreativen Ideen, anstatt zu denken, du müsstest das Rad neu erfinden."

#Nr. 8: Sei nicht spontan. Es ist beängstigend, außer Kontrolle zu sein - aber das sollte es nicht sein. Wenn die Leute denken, dass du verrückt wirst, werden sie die Kraft deiner Kreativität nicht verstehen. Sie werden einfach denken, dass du den Verstand verloren hast und dass sie nicht mehr mit dir rechnen können. Um die Reaktionen der Leute in den Griff zu bekommen, musst du dir den Ruf erarbeiten, "zusammen" zu sein.

Wenn du dein Leben und deine Karriere selbst in die Hand nimmst und die Prinzipien in diesem Buch anwendest, um dein Ziel zu erreichen, wirst du als vernünftige und sichere Person angesehen - auch wenn in deinem Inneren etwas ganz anderes vor sich geht!

Dieses Buch soll dir dabei helfen, deine Akasha-Rollen zu öffnen, um sie zu deinem Vorteil nutzen zu können. Es wird dir helfen zu verstehen, was sie sind und wie du auf die darin gespeicherten Informationen zugreifen und sie verstehen kannst.

Wir glauben, dass es wichtig ist, zu wissen, wer du bist, vor allem wenn es um die Akasha-Rollen geht, und deshalb haben wir diesen Leitfaden erstellt, um dir genau das beizubringen. Mit ein wenig Übung wirst du im Handumdrehen Zugang zu deinen eigenen Akasha-Rollen haben.

Kapitel 1. Die Geheimnisse des Lesens der Akasha-Aufzeichnungen entschlüsseln

Warst du schon einmal Zeuge einer immensen Lichtmenge, die sich für Durchschnittsmenschen berauschend anfühlen kann? Du kannst einen Blick auf dieses Licht erhaschen und in einen Zustand der völligen Verzückung geraten. Dieser Zustand entsteht durch die Menge an göttlicher Energie, der du ausgesetzt bist. Dieses Licht sind deine Akasha-Aufzeichnungen. Wenn du deine Aufzeichnungen liest, solltest du dich mehr im Einklang mit deiner Seele und der göttlichen Natur um dich herum fühlen.

Was sind akashaische Aufzeichnungen?

Die Akasha-Chronik sind eine Sammlung von allem, was bekannt, unbekannt und unwissend ist. Sie enthalten Informationen über dich, deine Seele und alles andere im Universum. Die gute Nachricht ist, dass sie auch einen Prozess anbieten, um dich mit dem göttlichen Wissen deiner Seele in diesem Moment zu verbinden. Wenn jemand zum Beispiel deine Akasha-Aufzeichnungen öffnet, hast du Zugang zu

Informationen über dich selbst und zum Wissen der göttlichen Quelle allen Seins in diesem Moment.

Was du von den Akasha-Chronikn erhältst, ist immer eine Antwort auf die Fragen, die du stellst. Sie werden die Fragen so einfach oder komplex beantworten, wie du es dir wünschst, je nachdem, wie groß dein Interesse ist.

Die Akasha-Chronik sind auch ein Wissensspeicher über unsere vergangenen Leben und Lebenszeiten auf der Erde. Die Aufzeichnungen enthalten Informationen über die Reise der Seele auf der Erde und in anderen Lebenszeiten. Sie enthalten eine Geschichte der Entwicklung und des Wachstums der Seelen über Millionen von Jahren, Details, die die konventionellen Gelehrten nicht kennen oder sich nicht vorstellen können.

Um in die Akasha-Rollen einzutreten, befolge ich ein einfaches Verfahren, das eine Vision und eine Segnung beinhaltet. Das Verfahren, das anderen Traditionen ähnelt, ermöglicht es dir, Fragen an die Akasha-Rollen zu stellen und Antworten zu erhalten, die genau, detailliert und relevant sind.

Was verstehe ich unter einem Segen? Der Segen ist eine Verbindung zwischen deinem offenen Geist und der göttlichen Quelle innerhalb der größeren Realität in diesem Moment. Deshalb beginnt sie damit, dass du dein höheres Selbst anerkennst, deine Verbindung zur göttlichen Quelle allen Seins, die immer in dir und allem anderen im Universum ist.

Mit dieser kraftvollen Verbindung als Grundlage kann dein bewusster Geist Antworten von der göttlichen Quelle allen Wissens erhalten. Mit deinem Segen werden die Fragen an die Aufzeichnungen mit Vertrauen und einem offenen Geist gestellt. Die Antworten erfordern weder Glauben noch Überzeugung. Sie sind das göttliche Wissen deiner Seele und daher intuitiv offensichtlich und unumstößlich wahr.

Wenn du deine guten Schwingungen auf ein hohes Niveau anhebst und ein spirituelles Erwachen erlebst, wird sich dein Leben verbessern. Es wird dir helfen, das zu manifestieren, was für dich im Leben am wichtigsten ist, deine Entscheidungen leichter zu treffen und die Verbindung zwischen dir und deiner Seele zu stärken. Aus diesen Gründen ist es wichtig, in die Akasha-Rollen einzutreten, wann immer du neugierig auf etwas im Leben bist.

Auch wenn sie zukünftige Ergebnisse enthalten, sind die Aufzeichnungen nicht wie eine Wahrsagerin oder ein Wahrsager konzipiert. Die Akasha-Aufzeichnungen spiegeln die Entscheidungen der Menschen in ihrem Leben wider - und auch die Entscheidungen unserer Seelen in anderen Leben. Das Element der Wahl ist wirklich wichtig zu wissen, denn es bedeutet, dass wir alle Schöpfer sind. Wenn du erkennst, dass Entscheidungen dein Leben prägen, kannst du bewusster auf die Vergangenheit schauen und die Zukunft vorhersehen, was als Nächstes zu tun ist.

Die Akasha-Chronik können immer wieder zur Beratung in vielen Lebensbereichen herangezogen werden. Du kannst Fragen zu allen Bereichen stellen - Gesundheit, Beziehungen, Karriere, Geldangelegenheiten, spirituelles Wachstum - und erhältst genaue und detaillierte Informationen über die Vergangenheit und Hinweise für die Zukunft.

Die Aufzeichnungen können auch dazu genutzt werden, einen Blick in deine eigenen vergangenen Leben und Zeiten auf der Erde zu werfen, die eine besondere Bedeutung für dich haben. Sie sind wie ein kosmisches Geschichtsbuch über die Entwicklung unserer Seele im Laufe der Zeit. Vielleicht ist es für dich interessant zu wissen, dass viele Menschen, die aus ihren Aufzeichnungen lesen, von außerkörperlichen Erfahrungen, Astralreisen oder Nahtoderfahrungen berichten.

Auf den ersten Blick mag es seltsam erscheinen, dass Seelen in vielen Leben an verschiedenen Orten der Welt inkarnieren können. Aber wenn du bedenkst, dass deine Seele schon immer da war und wir alle schon einmal hier gelebt haben, sind die Erinnerungen an andere Orte und vergangene Leben vielleicht Teil der größeren Erfahrung, die du machst.

WO WERDEN DIE AKASHA-CHRONIK AUFBEWAHRT?

Es wird angenommen, dass die Akasha-Aufzeichnungen in einer ätherischen, nicht-physischen Ebene existieren, die als "Akasha" bekannt ist. Das Akasha fließt durch alles in unserem Universum. Sie fließt durch die Natur, die Materie und unsere Seelen. Die Akasha umfasst alles. Die Akasha-Aufzeichnungen verleihen dir jedoch keine physischen Kräfte wie Telekinese.

Viele halten die Akasha-Chronik auch für ein kollektives Bewusstsein oder eine ursprünglichere Form des kollektiven Unbewusstseins. Das bedeutet, dass Erinnerungen in unserer Welt als Energiemuster gespeichert sind und diese Energiemuster durch unsere Gedanken und Gefühle zu Formen und Objekten geformt werden. Unsere Gedanken und Emotionen haben sich durch natürliche Auslese entwickelt, aber sie beeinflussen auch heute noch die Realität. Wir können sagen, dass z. B. in den DNA-Strängen Abdrücke vergangener Leben gespeichert sind, auf die wir zugreifen können, wenn wir aus den Aufzeichnungen lesen.

Viele glauben, dass die Aufzeichnungen in anderen Dimensionen außerhalb der unseren existieren, weil sie Teil einer ätherischen Ebene sind, in der alle möglichen Realitäten gleichzeitig existieren (Vergangenheit, Gegenwart, Zukunft). Es wird angenommen, dass unsere Seelen durch außerkörperliche Erfahrungen, Astralreisen und Nahtoderfahrungen eine direkte Verbindung zu den Akasha-Aufzeichnungen haben. Die Informationen in den Aufzeichnungen ergeben oft einen Sinn, wenn sie interpretiert werden, weshalb viele Menschen glauben, dass sie authentisch sind. Da wir durch diese Erfahrungen Zugang zu anderen Dimensionen erhalten, können wir auch genauso leicht Wissen über frühere Leben erlangen.

Aufgrund ihrer ätherischen Natur gibt es keine physischen Orte, an denen diese Datenbank gespeichert ist. Du kannst jedoch von jedem Ort und zu jeder Zeit darauf zugreifen - von deinem eigenen Zimmer aus oder sogar während du träumst - solange sich dein Bewusstsein bewusst ist, dass du dich im Akasha befindest. Manche vermuten, dass sie jenseits der Erde, in anderen Galaxien oder Universen existiert, wie zum Beispiel die Gaia-Seele. Es gibt keine Grenzen, wo sie existiert und wo wir als Bewusstseinswesen (Seelen) Zugang zu ihr haben können.

Der Äther oder die Akasha-Aufzeichnungen in unserer Realität bestehen aus Informationen, die in Schichten oder Ebenen organisiert sind. Es wird empfohlen, die Verbindung mit den Akasha-Aufzeichnungen zu üben, bevor man durch Astralebenen und fest verdrahtete Netzwerke reist, um auf leere Stellen in der Geschichte zuzugreifen, einschließlich Paralleluniversen, um zukünftige Ereignisse vorherzusagen.

Du kannst auch eine Kristallkugel, einen Hellseher oder einen verzauberten Spiegel benutzen, um auf deine Akasha-Aufzeichnungen zuzugreifen. Es wird jedoch empfohlen, mit einem ausgebildeten spirituellen Medium zu arbeiten. Das

Lesen der Aufzeichnungen hilft dir, dich selbst zu entlarven und zu verstehen, indem du Ereignisse aus deinen vergangenen Leben aufdeckst. Vielleicht erhältst du auch Informationen über zukünftige Leben oder parallele Dimensionen und darüber, welche Rolle du darin spielst und wie du das Weltgeschehen beeinflusst.

Abenteurer, die neugierig auf die Ursprünge ihrer Seele sind, können sogar durch esoterische Portalsysteme jenseits von Raum und Zeit reisen, um verschiedene historische Perioden in unserem Universum und andere zu beobachten, in denen wir als Sternensaaten, Wanderer, Außerirdische, Aliens und mehr bekannt sind. Manche von uns genießen diese Reisen mehr als das Leben auf der Erde, weil das Leben dort so unvorhersehbar ist.

Akasha-Chronik: Die Ursprünge

Die Ursprünge der Akasha-Chronik sind nicht genau bekannt, aber man geht davon aus, dass ihr moderner Anfang in den 1800er Jahren in Europa lag. Viele Menschen lernten den Hinduismus und Buddhismus kennen, als die Briten Ende des 17. Jahrhunderts Indien kolonisierten.

Die Briten interessierten sich für Indien wegen des Handels und der natürlichen Ressourcen sowie wegen der militärischen Fähigkeiten, um ihr Heimatland vor anderen europäischen Kolonialmächten zu schützen. In dieser Zeit fand ein reger interkultureller Austausch mit der hinduistischen Kultur statt. So lernten viele Menschen verschiedene spirituelle Ansätze kennen. Es scheint, dass die Briten zu dieser Zeit begannen, den Hinduismus und Buddhismus in Indien kennenzulernen.

In dieser Zeit begannen viele christlich erzogene Menschen zu spüren, dass es mehr im Leben gibt als das, was sie im Christentum gelernt hatten. Sie wollten etwas Spirituelleres, das für ihr tägliches Leben relevant war. In dieser Zeit hörten viele Europäer zum ersten Mal von den mystischen Lehren der östlichen Religionen.

Anfang 1800 gab es ein explosionsartiges Interesse an Spiritualität und östlichen Religionen. Dies geschah aus zwei Gründen. Erstens hatten die Menschen das Bedürfnis, mehr über ihre spirituelle Natur zu erfahren, als das Christentum sie gelehrt hatte. Zweitens begannen viele Europäer, nach Asien zu reisen und aus Büchern über Hinduismus und Buddhismus zu lernen.

In Westeuropa und Nordamerika begann man, über die Akasha-Chronik zu sprechen. Dies war der Beginn einer neuen Ära, die von wissenschaftlicher Forschung, politischen Revolutionen, großen Entdeckungen und sozialen Veränderungen durch die Industrialisierung geprägt war. Zu dieser Zeit begannen die Menschen darüber zu sprechen, spirituelle Aufzeichnungen wie die Akasha-Chronik zu führen, um die Geschichte der Seele aufzuzeichnen.

Die sumerische Zivilisation im mesopotamischen Raum lag zwischen den Flüssen Tigris und Euphrat im heutigen Irak. Ein Hinweis auf die Akasha-Aufzeichnungen findet sich in dem alten mesopotamischen Konzept der Schicksalstafel. Die Tafel der Schicksale und das Buch des Lebens waren zwei Tafeln: eine für gute und eine für böse Omen. Diese Tafeln repräsentierten göttliches Wissen und hielten die Ereignisse eines Lebens fest, die von der Geburt bis zum Tod bestimmt waren.

Man glaubte, dass die Aufzeichnungen von den Göttern geführt wurden, die das Schicksal im Voraus bestimmten. Sie schrieben die Informationen über das Leben eines Menschen auf diese Tafeln, bevor dieser geboren wurde. Dann versiegelten sie sie vor Zeugen als eine Art Beweis für zukünftige Ereignisse.

Dann wurden die Tafeln in einem Tempel vergraben, wo sie bis zum Tod der Person sicher und geheim gehalten wurden. Wenn man sie öffnete, glaubte man, dass die Wahrheit über die Geschehnisse im Leben der Person auf ihnen stand. Um mehr über seine Lebensgeschichte zu erfahren, konnte man in den Tempel gehen und sich die Tafeln zeigen lassen. Nachdem er sie gelesen hatte, konnte er seine persönliche Lebensgeschichte von Anfang bis Ende nachlesen.

Brauchst du eine bestimmte Kraft, um auf die Akasha-Rollen zuzugreifen?

Nein, es ist nicht die Macht einer einzelnen Person. Du brauchst nur einen offenen Geist und ein bisschen Geduld, um zu erkennen, dass diese spirituelle Dimension existiert.

Heutzutage kann jeder seine Akasha-Aufzeichnungen lesen. Vielleicht kennst du sogar jemanden, der das getan hat und sich danach weniger vor der Welt fürchtet, weil er weiß, dass das, was früher passiert ist, in anderer Form wieder passieren wird. Das hilft den Menschen, sich besser vorbereitet zu fühlen, wenn sie mit Veränderungen in ihrem Leben umgehen müssen.

Außerdem kann es einfacher sein, als du denkst, Zugang zu deinen Aufzeichnungen zu bekommen, wenn du bereit bist, neue Wege auszuprobieren, um deine vergangenen Leben zu lesen, indem du unsere natürlichen übersinnlichen Fähigkeiten anzapfst. Hellseherische Fähigkeiten können mit regelmäßiger Übung und Geduld entwickelt werden.

Nein, du brauchst keine übernatürlichen Kräfte, um auf deine Akasha-Aufzeichnungen zuzugreifen. Manche Menschen, die von Geburt an eine solche Gabe haben, nutzen sie jedoch instinktiv. Dennoch kann jeder dies tun, wenn er die wichtige Fähigkeit der Offenheit und des Vertrauens entwickelt. Es gibt also keine Voraussetzungen, um deine Akasha-Aufzeichnungen lesen zu können.

Du wirst jedoch feststellen, dass das Lesen der Akasha-Chronik anfangs etwas seltsam erscheinen kann und dass es eine Weile dauern kann, bis du dich an das Gefühl gewöhnt hast, dich an ein Leben zu erinnern, als würdest du es gerade leben.

Welche Techniken können verwendet werden, um auf die Akasha-Rollen zuzugreifen?
Im Laufe unseres Lebens interagieren wir ständig mit ihr, und so werden alle unsere Erfahrungen irgendwie gespeichert. Unser Gehirn fungiert als Speicher für diese Erfahrungen, aber das bedeutet nicht, dass unsere Erinnerungen und Emotionen im physischen Gehirn eingeprägt sind.

Es gibt noch etwas anderes da draußen als die physische Welt. Neben dem physischen Universum gibt es auch eine spirituelle Dimension. Es gibt andere Möglichkeiten, wie wir über uns und unsere Welt denken und sie wahrnehmen können.

Tagebuchschreiben ist eine hilfreiche Technik, um auf deine Akasha-Aufzeichnungen zuzugreifen, denn es ermöglicht dir, an eine positive Veränderung deines Lebens zu denken, indem du in die Zukunft schaust. Es ist eine einfache Technik, denn alles, was du tun musst, ist, deine Gedanken und Gefühle darüber aufzuschreiben, wie dein Leben in der Zukunft oder sogar in der fernen Vergangenheit aussehen wird.

Auf diese Weise erlaubst du dir, Informationen über dich selbst abzurufen, an die du dich normalerweise nicht erinnern würdest. Sobald du dich disziplinierst, regelmäßig Tagebuch zu führen, wirst du feststellen, dass deine Tagebücher zu Informationsquellen darüber werden, was du in der Vergangenheit getan hast und wohin du gehen musst.

Laufen kann dir auch dabei helfen, Erinnerungen aus früheren Leben anzuzapfen (indem du den physischen Raum zwischen dir und anderen Menschen anzapfst und so eins mit ihm wirst), denn das Laufen ahmt unsere natürliche Bewegung während unseres letzten Lebens nach. Außerdem kannst du dir selbst helfen, dich an ein vergangenes Leben zu erinnern, indem du Dinge zeichnest, die dich an die Erfahrung in deinem jetzigen Leben erinnern.

Es ist schwierig, genau zu sagen, wie lange es dauert, bis die meisten Menschen positive Ergebnisse durch die Anwendung dieser Techniken sehen, da jeder Mensch anders reagiert und sich in unterschiedlichem Tempo verändert; es ist jedoch ein allgemeiner Trend, dass die Menschen innerhalb weniger Wochen Ergebnisse sehen, wenn sie diese Techniken konsequent anwenden.

Die Bedeutung von "Akashic"

Das Wort "Akasha" leitet sich von dem Sanskrit-Wort Akasha ab, das "Äther" oder "Himmel" bedeutet. Tatsächlich ist der Äther im Hinduismus eine wichtige physische Substanz oder feinstoffliche Substanz. Es heißt, dass er die "Energie" aller Dinge ist.

Äther ist die Substanz, die den Raum zwischen den Objekten ausfüllt und um diese herum ist, ohne sie zu berühren. Er ist bekanntlich eine subtile, allgegenwärtige Substanz, die im Hintergrund unserer Existenz liegt. Äther kann Energie halten und gibt sie nicht einfach ab oder nimmt sie auf.

Akasha ist ein weiteres Wort, das "Himmel" bedeutet. Akasha hat mehrere verschiedene Bedeutungen. Eine von ihnen bezieht sich auf den Raum zwischen und über den Planeten, Sternen und Galaxien. Eine andere Bedeutung stammt aus dem Sanskrit, wo es mehrere Bedeutungsschattierungen hat, darunter "alte Materie", "Allee zum Himmel" und "Himmel".

Dieser Begriff wurde verwendet, um eine universelle Aufzeichnung von allem, was jemals war, ist und sein wird, und eine Aufzeichnung von vergangenen und zukünftigen Leben zu beschreiben.

Spirituelle Energie

Das Wort "Akasha" wird im Sanskrit auch verwendet, um die spirituelle Energie zu beschreiben, die uns durchdringt und mit ihrem leuchtenden Licht umgibt. Sie strahlt vom Geist nach außen in den umgebenden Raum, der Aura genannt wird.

Wenn es vom Menschen angezapft wird, enthält Akasha latente spirituelle Energie und kann zur Heilung oder für andere Zwecke genutzt werden. Das Herzchakra (Anahata) - in der Mitte der Brust gelegen - repräsentiert unser emotionales Herz und den Sitz der bedingungslosen Liebe. Es spielt eine wichtige Rolle beim Anzapfen und Nutzen der Akasha-Energie.

Im Hinduismus bezieht er sich auf eine ätherische Substanz, aus der alles Existierende hervorgeht und in die es beim Tod zurückkehrt; dazu gehören sowohl Lebewesen als auch unbelebte Gegenstände.

Es bezieht sich auch auf eine spirituelle Ebene der Existenz, auf der die Aufzeichnungen über das eigene Leben aufbewahrt werden, bevor man auf der Erde wiedergeboren wird. Es wird auch geglaubt, dass sie der Aufbewahrungsort allen Wissens ist.

Diese elementare Substanz gilt als Medium für die Übertragung von Radiowellen, ultravioletten Strahlen und sichtbarem Licht. Ein verwandtes Wort, Akasha Ganga, bedeutet "Fluss des ätherischen Raums". Damit ist eine unsichtbare Essenz gemeint, die sich in unserem Sonnensystem und unserer Galaxie befindet und alle Materie und Energie durchdringt.

Göttliche Ideen

Das Wort "Akasha" kann sich auch auf ein Feld göttlicher Ideen beziehen, das alle Formen, Muster und Konzepte enthält, die es gibt. Sie sind die "Blaupausen" für alles, was in unserem Universum existiert oder jemals erschaffen wird.

Dieses Feld ist so etwas wie eine kosmische Bibliothek (Bibliothek des Wissens), in der jedes Buch geschrieben wurde und von denen gelesen werden kann, die die Fähigkeit dazu haben. In diesem Zusammenhang bedeutet "Akasha" ein Feld oder Medium, durch das Informationen übertragen und empfangen werden. Es bezeichnet auch den Raum zwischen Objekten, in dem Energie gespeichert und/oder übertragen werden kann.

Die wichtigsten Vorteile des Lesens der Akasha-Aufzeichnungen

Deine guten Schwingungen erhöhen

Wenn du die Akasha-Aufzeichnungen liest und deine guten Schwingungen anhebst, wirst du in der Lage sein, alle selbstzerstörerischen Gedanken zu beseitigen, die dich vielleicht von einem erfüllten Leben abhalten. Du lernst auch, wie du in allen Situationen positiver reagieren kannst, indem du in allem, was passiert, nach dem höheren Sinn suchst. Die Anhebung deiner Schwingungen kann zu einem radikalen Erwachen führen und dir eine viel bessere Zukunft bescheren. Wenn du die Akasha-Chronik liest, kannst du dir sicher sein, dass du immer das Beste für dich herausholen wirst.

Was ist das höchste Gut? Wenn du deine Schwingungen anhebst und deine wahre Bestimmung erfüllst, müssen alle unsere Handlungen unserem höchsten Wohl dienen und infolgedessen auch andere in irgendeiner Weise verbessern.

Empfangen von spiritueller Energie

Wenn du die Akasha-Aufzeichnungen liest, kannst du ein Feld göttlicher Ideen anzapfen, das alle Muster, Formen und Konzepte enthält, die jemals existiert haben. Sie sind die "Blaupausen" für alles, was in unserem Universum bereits existiert oder jemals erschaffen wird. Dieses Feld kann uns spirituelle Energie geben und Einblicke in unser zukünftiges Leben geben, indem es uns zeigt, worauf wir vorbereitet werden. Es lässt uns wissen, wann etwas passieren wird, bevor es passiert und warum es passiert, damit wir die notwendigen Maßnahmen ergreifen können, um diese Ereignisse zu überleben. Spirituelle Energie ist auch notwendig, um unsere eigene Realität zu erschaffen.

Wenn du diese Energie anzapfen willst, musst du dein Leben auf das Feld der göttlichen Ideen ausrichten, indem du zuallererst nach diesen Ideen lebst und dann alles in deiner Macht Stehende tust, um jede Situation oder jeden Umstand zu ändern, der nicht mit ihnen übereinstimmt.

Aus deinem früheren Leben lernen

Aus deinen vergangenen Leben zu lernen, ist ein wichtiger Teil des Lesens der Akasha-Aufzeichnungen. Du kannst nämlich herausfinden, welche Rollen in deinem früheren Leben dein jetziges Leben beeinflussen und aus diesen Fehlern lernen, anstatt sie erneut zu machen. So kannst du eine bessere Zukunft gestalten, nicht nur für dich selbst, sondern auch für alle, die du mit deinem Handeln in diesem Leben beeinflusst hast.

Wir können erforschen, wie wir in unserem vergangenen Leben gehandelt und uns verhalten haben, indem wir darüber lesen und verstehen, wie wir waren. Dann können wir erforschen, warum wir uns in diesem Leben für ein bestimmtes Verhalten entschieden haben und wie es sich auf unsere Umgebung ausgewirkt hat. Ein weiterer Vorteil dieser Erkundung ist, dass wir herausfinden können, warum wir in diesem Leben dazu neigen, etwas Ähnliches zu tun, wie in unserem früheren Leben. Und schließlich hilft uns das Verständnis unserer früheren Leben, in diesem Leben bessere Entscheidungen zu treffen, weil wir dann andere Möglichkeiten in Betracht ziehen können, die uns zur Verfügung stehen.

Dein Heiligtum schaffen

Wir können uns nicht nur unsere vergangenen Leben ansehen, sondern die Akasha-Aufzeichnungen auch nutzen, um uns ein Heiligtum zu schaffen. Dieser Zufluchtsort kann aus allem bestehen, was uns ein Gefühl der Ruhe und Entspannung gibt. Manche Menschen möchten zum Beispiel ihr Schlafzimmer in einen Zufluchtsort verwandeln, indem sie ruhige Musik im Hintergrund laufen lassen und es nach Belieben dekorieren. Andere Menschen könnten sich draußen einen Zufluchtsort schaffen, indem sie eine Hängematte kaufen oder frische Pflanzen in ihrem Vorgarten aufstellen.

Selbst wenn du dir nicht sicher bist, wie du dich beim Lesen der Akasha-Aufzeichnungen am wohlsten fühlen würdest, wird dir ein Bild deines idealen Heiligtums präsentiert, das dir helfen wird, mit deinem Heiligtumsprojekt zu beginnen.

Ein Heiligtum hilft dir, von spiritueller Energie umgeben zu sein, erinnert dich an ihre Fülle und öffnet deinen Geist für neue Möglichkeiten. Deshalb ist ein Heiligtum so hilfreich, um deine Schwingungen zu erhöhen. Es wird dich nicht nur inspirieren, sondern dir auch helfen, das Leben aus einer anderen Perspektive zu betrachten.

Den inneren Frieden erleben

Wenn wir inneren Frieden erfahren, fühlen wir uns wohl und zufrieden. Wir haben ein Gefühl der Harmonie mit dem

Universum und das Leben ist mit Sinn erfüllt. Wenn wir in Frieden sind, können wir die Welt als einen schönen Ort sehen und das Leben ist erfüllender. Die Akasha-Aufzeichnungen helfen dir, diesen Frieden zu erfahren, indem sie dir Einblick in deine Bestimmung und deine göttliche Natur geben. Sie helfen dir, deinen Weg zu innerem Frieden zu finden, indem sie dir höhere Wahrheiten und Möglichkeiten zeigen, die dir bisher verborgen waren.

Die Akasha-Aufzeichnungen sind ein mächtiges Werkzeug, das dich dabei unterstützen kann, deine spirituellen Ziele zu erreichen. Mit diesem Werkzeug können wir uns spirituell besser verstehen, uns leichter in der Realität manifestieren, einschränkende Gedanken oder Überzeugungen über uns selbst loslassen und durch bewusstes Leben eine neue Weltordnung schaffen.

Die Aufzeichnungen sind eine erstaunliche, reichhaltige Quelle für Erkenntnisse und ein Tor zu höheren Welten. Ein Abenteuer in diesen Aufzeichnungen wird dir helfen, spirituell zu wachsen, Heilung zu finden und Antworten auf die schwierigsten Fragen des Lebens zu finden. Wir müssen die Akasha-Rollen verantwortungsbewusst lesen. Dazu müssen wir mit unserer eigenen Energie in Einklang sein, wissen, dass der Prozess des Lesens dieser Aufzeichnungen heilig ist, und die Verantwortung für das übernehmen, was wir lernen.

Kapitel 2. Das Öffnen deiner Akasha-Aufzeichnungen und der Beginn deiner Reise

Jeder Mensch hat seine Akasha-Aufzeichnungen. Das ist ein Wissen über die Vergangenheit, Gegenwart und Zukunft, das das Schicksal und den Lebensplan eines Menschen bestimmt. Es ist so, als ob du dein inneres GPS jederzeit zur Verfügung hättest. Deine Akasha-Aufzeichnungen sind nicht davon abhängig, an welche Religion du glaubst oder welche spirituellen Praktiken du in deinem Leben ausgeübt hast. Die Aufzeichnungen existieren als reine Energie-Informationssysteme außerhalb von Zeit und Raum, und sie stehen jedem zur Verfügung, der weiß, wie man darauf zugreifen kann! Lass uns also lernen, wie du deine eigenen Akasha-Aufzeichnungen öffnen und mehr über deinen Lebensplan und dein Schicksal herausfinden kannst.

Wenn du deine eigenen Akasha-Aufzeichnungen öffnest, kannst du bestimmte Informationen über dich und die Lebenspläne anderer Menschen sehen. Du wirst auch in der Lage sein, die Antwort auf jede Frage zu finden, die du in diesem Moment im Kopf hast. Die Akasha-Chronik sind ein Werkzeug zur Selbsterkenntnis und zum persönlichen und spirituellen Wachstum.

Öffne deine Türen

Die Akasha-Aufzeichnungen enthalten alles Wissen, das jemals auf diesem Planeten existierte und existieren wird. Deine Aufzeichnungen sind eine Zusammenstellung deiner persönlichen Geschichte, einschließlich der Erfahrungen aus vergangenen Leben und aller Gedanken und Absichten, die du in diesem Leben entwickelt hast - sowohl gute als auch schlechte Absichten oder Gedanken.

Die Akasha-Aufzeichnungen existieren in einem riesigen Raum, der als Energiekontinuum bekannt ist. Zu verstehen, wie du deine Türen öffnen und dich mit diesem Feld verbinden kannst, ist eine sehr wichtige Fähigkeit, die du beherrschen musst. Wenn du das kannst, kannst du die Energie der Akasha-Rollen als Quelle nutzen, um dich und andere zu heilen.

Die drei wichtigsten Erfahrungen, die du machen kannst, wenn du deine Türen mit den Akasha-Aufzeichnungen öffnest, sind die folgenden:

- Zu wissen
- Heilen
- Zu den spirituellen Praktiken

Die Akasha-Chronik für wissende Zwecke

Wissen ist der Akt, in dem du dir bewusst machst, was du weißt und wie du es weißt. Du weißt mehr, als du dir bewusst machst. Deine Akasha-Aufzeichnungen enthalten eine große Menge an Informationen über deine vergangenen, gegenwärtigen und zukünftigen Erfahrungen.

Wissen bedeutet nicht nur, Fakten oder Daten zu haben. Es geht auch darum zu "wissen", was als Nächstes zu tun ist. Deine Seele hat ihre Weisheit, die sich mit dem universellen Bewusstsein verbindet und dir die Informationen liefert, die du für dein Leben brauchst.

Wissen ist eine übertragbare Fähigkeit außerhalb deiner Aufzeichnungen. Du kannst sie in deinem Alltag für persönliche und berufliche Zwecke und zum Wohl anderer einsetzen.

Wissen ist der Akt der Bewusstwerdung darüber, was du weißt und wie du es weißt. Zu lernen, wie du dich mit deinen Akasha-Aufzeichnungen über den Ursprung deiner Seele verbinden kannst, ist ein Prozess des Vertrauens und erfordert, dass du lernst, deine Wahrheit zu hören.

Die Akasha-Chronik sind eine göttliche Fähigkeit, die dich nicht von ihnen abhängig machen wird. Vielmehr sind sie ein Werkzeug für deine göttliche Ermächtigung. Je mehr du sie nutzt, desto mehr Kraft und Klarheit baust du in dir auf, um sie zur Heilung oder für andere Lebensaufgaben zu nutzen.

In vielen Fällen werden dir die Aufzeichnungen eine direkte Antwort auf deine Frage geben. Du bekommst vielleicht Worte oder Bilder, die direkt zu dem Thema sprechen, nach dem du gefragt hast, zusammen mit einer Bestätigung der Wahrhaftigkeit. In anderen Fällen wird dir ein Symbol gezeigt, z. B. ein Gegenstand oder ein Tier, das für ein Ereignis in deiner Vergangenheit steht und dein spirituelles Wachstum blockiert.

Erfahre mehr über die Symbole, die du siehst. Bitte deinen Begleiter oder Vermittler, dir etwas über sie zu erzählen, das dir ihre Bedeutung verdeutlichen kann. Ich finde es hilfreich, das, was mir gezeigt wird, aufzuschreiben, damit ich es später nicht vergesse.

Wenn du herausfindest und verstehst, warum diese Blockaden existieren, erhältst du Hinweise darauf, wie sie aufgelöst werden können. Wenn dir zum Beispiel ein Tiersymbol gezeigt wird, das für dein früheres Leben steht, kann das bedeuten, dass du einige negative Eigenschaften aus diesem Leben in dein jetziges Leben mitgenommen hast. Das bedeutet, dass es jetzt an der Zeit ist, diese Eigenschaften in dir zu erkennen und sie in diesem Leben zu heilen.

Die Akasha-Aufzeichnungen für Heilungszwecke

Die Akasha-Aufzeichnungen können für Heilungszwecke genutzt werden. Die Aufzeichnungen enthalten das gesamte Wissen über jede Krankheit und ihre Heilung, damit du das beste Heilmittel für deinen Körper und deine Seele finden und auch andere bei ihrem Heilungsprozess unterstützen kannst.

Wenn du mit Hilfe eines geschulten Mediums die Akasha-Rollen anzapfst, wirst du von der göttlichen Intelligenz geführt, wie du dich selbst heilen oder einer anderen Person helfen kannst, gesund zu werden. Die Akasha-Rollen führen dich zu den Informationen, die du für dein Gesundheitsproblem brauchst.

Bei der Heilung müssen alle Aspekte deines Lebens berücksichtigt werden, einschließlich deines emotionalen und mentalen Zustands und aller körperlichen Störungen, die sich zeigen.

Wenn du zum Beispiel eine Verletzung oder eine Krankheit hast, musst du deinen Lebensstil untersuchen, um herauszufinden, was die Ursache für das Ungleichgewicht ist. Wenn du in deinem Leben eine Reihe von schlechten Beziehungen hattest, ist es an der Zeit zu überdenken, warum das so ist und wie du das Muster ändern kannst.

Es gibt viele Möglichkeiten, diese Heilung zu erfahren. Da jeder Mensch anders ist, sind auch die Heilungsmethoden einzigartig. Vielleicht stellst du fest, dass du ein bestimmtes Problem heilen kannst, indem du mit jemandem darüber sprichst, der ähnliche Erfahrungen gemacht hat. In anderen Fällen wird dein Körper eine Energieblockade durch Krankheit oder körperliche Beschwerden wie wiederkehrende Kopfschmerzen, Übelkeit usw. auflösen.

Die Akasha-Aufzeichnungen für spirituelle Praktiken

Die Akasha-Rollen werden auch für spirituelle Zwecke wie Gebet, Meditation, Wahrsagerei und persönliche Anbetung genutzt. Wenn du zum Beispiel betest und die Akasha-Aufzeichnungen als göttliches Werkzeug benutzt, kannst du darum bitten, direkt vom Universum selbst geführt zu werden.

Es ist wichtig zu wissen, dass du nicht die Akasha-Aufzeichnungen selbst verehrst, sondern den universellen Geist, in dem sie existieren - die unendliche Intelligenz aller Dinge.

Deine spirituelle Praxis mit deinen Akasha-Aufzeichnungen zu nutzen, ist eine Möglichkeit, dich mit dem universellen Geist zu verbinden.

Die Akasha-Aufzeichnungen bieten einen überkonfessionellen und ganzheitlichen Zugang zu deiner spirituellen Seite. Du kannst sie für jede spirituelle Praxis nutzen, die du brauchst, einschließlich der Anbetung deines göttlichen Wesens, in welcher Form auch immer es für dich erscheint.

Du kannst deine Akasha-Aufzeichnungen auch für Wahrsagepraktiken nutzen, um zu klären, wie du in einer bestimmten Situation vorgehen solltest.

Die Akasha-Aufzeichnungen helfen dir auch bei deiner Meditationspraxis. Du kannst in dir selbst Raum schaffen, indem du die göttliche Energie der Aufzeichnungen nutzt, um dein Selbstbewusstsein zu stärken und Schmerz, Wut oder Trauer aus vergangenen Erfahrungen in eine Schwingung umzuwandeln, die eine Vielzahl von positiven Meditationspraktiken unterstützt.

Die Akasha-Chronik können auf viele Arten für verschiedene Zwecke genutzt werden. Wenn du lernst, wie du mit den Aufzeichnungen arbeiten kannst, wirst du Informationen und Heilung anziehen, die für deine Lebensaufgabe relevant sind.

Letztendlich geht es um Bewusstsein: Du musst dir bewusst sein, was in dir oder um dich herum in jedem Moment passiert. Du kannst die Aufzeichnungen als ein Werkzeug betrachten, das dich dabei unterstützt, bewusster zu werden, wenn Verwirrung oder mangelndes Vertrauen aufkommt, was wir alle zu unterschiedlichen Zeiten erleben.

Wer ist dein Akasha-Rekordführer?

Wenn du lernst, wie du die Aufzeichnungen öffnen und nutzen kannst, wirst du feststellen, dass du von einem Team von Geistführern umgeben bist, die dir jederzeit zur Seite stehen, wenn du um Hilfe bittest.

Dein Guide wird immer anwesend sein, um dich zu unterstützen, aber er kann nur das sehen, was für dein Leben relevant ist, deshalb werden nicht alle Guides ständig mit dir arbeiten.

Deshalb ist es wichtig, dass du dich auf das Wissen konzentrierst, das aus deinem Inneren kommt, wenn du die Aufzeichnungen verwendest - du musst vielleicht eine gute Beziehung zu deiner Intuition oder inneren Weisheit entwickeln, um die Aufzeichnungen vollständig für dich zu nutzen.

Wenn du bereit bist, die Akasha-Chronik zu nutzen, kannst du dich an deinen Guide wenden, der dir helfen kann, deine Reise durch die Akasha-Chronik zu beginnen. Es kann sein, dass er dich an einem bestimmten Ort innerhalb oder in der Nähe der Aufzeichnungen trifft, aber es ist auch möglich, dass es bei eurem ersten Kontakt keine konkrete Struktur gibt.

Wie du deine Aufzeichnungen einsehen kannst

Die Akasha-Aufzeichnungen sind überall um dich herum, denn alle Dinge sind Energie und die Aufzeichnungen enthalten alles, was jemals passiert ist, passiert oder passieren wird. Das bedeutet, dass du die darin enthaltenen Informationen von vielen verschiedenen Orten aus abrufen kannst. Du musst nicht an einen bestimmten Ort wie Stonehenge oder die Pyramiden in Ägypten reisen, um Informationen aus deinen Aufzeichnungen zu erhalten. Manche Menschen greifen auf ihre Aufzeichnungen zu, während sie schlafen, andere, während sie beten, und wieder andere, wenn sie meditieren. Es gibt nicht den einen richtigen Weg, um das zu tun.

Deine Aufzeichnungen sind jederzeit abrufbar und du kannst dich mit Hilfe deiner Intuition und inneren Weisheit mit ihnen verbinden.

Du kannst bewusst auf deine Aufzeichnungen zugreifen, indem du dir einmal am Tag eine Auszeit von deinem vollen Terminkalender nimmst und still bei dir sitzt, oder du kannst auf die Aufzeichnungen zugreifen, während du schläfst. Wenn du dich dafür interessierst, schlage ich vor, beide Möglichkeiten auszuprobieren und zu sehen, was für dich am besten funktioniert, weil du dich dann mehr mit deinen Aufzeichnungen verbunden fühlst. Meiner Erfahrung nach ist die Meditation als Teil meiner spirituellen Praxis der beste Weg, um Zugang zu den Informationen aus den Aufzeichnungen zu bekommen, aber das kann bei dir auch anders sein, und das ist okay.

Das Öffnen deiner Akasha-Aufzeichnungen ist ein mächtiger Weg, um zu heilen und zu wachsen. Aber du musst lernen, mit ihnen zu arbeiten, damit dieser Prozess fruchtbar ist. Dein Guide wird dir helfen, mehr über die Aufzeichnungen und die darin enthaltenen Informationen zu erfahren, und zwar von jedem Ort und zu jeder Zeit. Spirituelle Praktiken wie Meditation sind ein hervorragendes Mittel, um die Kommunikation mit deinen Führern zu öffnen und zu lernen, wie du am besten auf deine Akasha-Aufzeichnungen zugreifen kannst.

Um deine Akasha-Aufzeichnungen zu öffnen, brauchst du Folgendes:

Vereinbarungen

Vereinbarungen sind eine Reihe von Aussagen, die festlegen, wann und wie die Akasha-Rollen geöffnet werden. Sie helfen dir zu verstehen, was du siehst, fühlst und erlebst, was mit den Aufzeichnungen zu tun hat. Die Vereinbarungen erklären, was passiert, wenn du dich in diesen veränderten Bewusstseinszuständen befindest, und sie geben dir Hinweise, wie du sicherstellen kannst, dass deine Erfahrung für dich selbst und für andere um dich herum sicher bleibt.

Vereinbarungen geben den Aufzeichnungen eine Struktur, damit du angemessen auf die Informationen reagieren kannst, die du von ihnen erhältst. Sie stellen sicher, dass das, was du auf deiner Reise durch die Aufzeichnungen siehst, hörst und fühlst, relevant ist, ohne dich zu stressen oder zu traumatisieren.

Vereinbarungen helfen dir zu lernen, wie du dich auf deine eigene Heilung konzentrieren kannst, anstatt deine Aufmerksamkeit auf andere zu richten, die Hilfe brauchen. Dieser Aspekt der Heilung in den Akasha-Rollen ist entscheidend für deine Fähigkeit zur Selbstheilung.

Vereinbarungen ermöglichen es dir, mit anderen Menschen zu arbeiten, während deine Heilung eine private Angelegenheit zwischen dir, deinen Aufzeichnungen und deinem Guide bleibt. Du kannst mit anderen Menschen in Beziehung treten und trotzdem die Integrität der Informationen wahren, die du von deinen Aufzeichnungen erhältst und die deine Berater/innen anonym halten.

VISUALISIERUNG

Die Visualisierung ist eine grundlegende Anleitung, die dich visuell zum Eingang der Akasha-Rollen führt. Sie schafft einen sicheren Ort, von dem aus du dich den Aufzeichnungen nähern kannst. Von diesem Punkt aus kannst du mehr über deine Berater/innen erfahren und sie bitten, mit dir in anderen Arten von Heilmeditationen oder Heilsitzungen zu arbeiten.

Die Visualisierung ist auch erforderlich, um in die Akasha-Rollen einzutreten, denn sie schafft eine Umgebung, in der deine Berater/innen mit dir in die Aufzeichnungen eintreten können, um die Informationen, die auftauchen, auf eine für euch beide sichere Weise zu erforschen.

Die Visualisierung hilft dir, dich entspannt und zentriert zu fühlen, bevor du deine Aufzeichnungen öffnest. Wenn du ängstlich oder aufgeregt bist, fällt es deinen Geistführern schwer, dir zu helfen, das zu finden, was sie brauchen, um dich bei deiner Selbstheilung zu unterstützen. Die Visualisierung stellt sicher, dass du zentriert bist, bevor du die Aufzeichnungen öffnest.

Die Visualisierung hilft dabei, eine Atmosphäre zu schaffen, in der deine Geistführer neue Informationen darüber vorbereiten und programmieren können, wie du dich durch deine Aufzeichnungen heilen kannst. Durch die Visualisierung werden alle notwendigen Voraussetzungen geschaffen, bevor du deine Geistführer/innen bittest, mit dir zu arbeiten.

Visualisierung ist eine spezifische Handlung, die Zeit und Geduld erfordert, um sie zu meistern. Du musst bereit sein, dich eine Weile mit den Dingen zu beschäftigen, bevor du lernst, wie du nahtlos in deine Aufzeichnungen einsteigen kannst.

Die Visualisierung ist auch ein hervorragendes Mittel, um eine bestimmte Erinnerung oder Heilungssitzung zu verankern, damit du nach deiner Rückkehr von der Reise in den Aufzeichnungen etwas Physisches hast, das dich an das Geschehene erinnert.

Die Visualisierung ermöglicht es dir, dich auf eine bestimmte Art und Weise zu konzentrieren, die deinen Geistführern mitteilt, dass du bereit bist, mit ihnen zu arbeiten.

Segen

Ein Segen ist eine Absichtserklärung für deinen Eintritt in die Akasha-Aufzeichnungen und deine Erfahrung. Es sind bestimmte Worte, die aus dem Herzen gesprochen werden, um die Bühne für deine Aufzeichnungsreise zu bereiten.

Wenn du einen Bereich oder ein Objekt segnest, erschaffst du ein Energiefeld, das das, was in dein Bewusstsein gerufen wird, leitet und schützt. Die Segnung bereitet deine Aufzeichnungen auf die bevorstehende Arbeit mit ihnen vor, indem sie Schutz und Führung bietet, damit sie als Heilmethode für dich effektiver sein können. Die Segnung trägt dazu bei, dass die Informationen, die während deiner Aufzeichnungsreise in dein Bewusstsein kommen, nur in irgendeiner Weise mit der Heilung zu tun haben und nicht überall verstreut sind.

Wenn du dir die Zeit nimmst, das, was passieren wird, zu segnen, öffnest du dich energetisch, sodass du beginnen kannst, heilende Führung aus den Akasha-Aufzeichnungen zu erhalten. Das Segnen hilft dir, deine Aufmerksamkeit zu fokussieren und ein unmittelbares Gefühl der Ruhe und des Friedens zu bekommen, was dir hilft, weniger Angst vor der bevorstehenden Reise zu haben.

Eine formale Formulierung für den Eintritt in die Akasha-Aufzeichnungen stellt sicher, dass du ein Gefühl der Sicherheit und des Vertrauens in das, was passieren wird, bewahrst. Außerdem bietet sie Orientierung, Schutz und Sicherheit für Informationen in den Aufzeichnungen, die sonst als verstreute oder unzusammenhängende Gedanken auftauchen könnten.

Der Segen hilft dir auch, energiegeladen, ruhig und zentriert zu sein, bevor du in deine Aufzeichnungen eintrittst. Die Segnung öffnet dich dafür, dass du während deiner Aufzeichnungsreise eine heilende Führung erhältst, damit du leichter erkennen kannst, welche Art von Heilung du brauchst.

Der Segen hilft dir, deine Erwartungen an deine Akasha-Reise loszulassen und schafft die Voraussetzungen für klares Denken, wenn du in der Akasha-Erfahrung bist. Außerdem schützt er deine Aufzeichnungen davor, negative Energie zu absorbieren, die versehentlich in die Heilungsumgebung eingebracht werden könnte, indem er sich an eine Person bindet, die bei dir ist, wenn du in den Aufzeichnungen bist.

Prozess

Der Prozess zum Öffnen deiner Akasha-Aufzeichnungen basiert auf deinen Vereinbarungen, der Methode, die du verwendest, und der Kombination aus Visualisierung und Segen. Der Prozess beginnt mit einer Eröffnungserklärung, in der du alle Erwartungen loslässt, die du vielleicht hast. Danach folgt eine Bitte um Öffnung der Aufzeichnungen, gefolgt von einer Einstimmung auf die heilende Kommunikation zwischen dir und deinen Geistführern, bevor du deine Aufzeichnungen öffnest.

Du musst bereit sein, deine Erwartungen loszulassen, um die Erfahrung zu machen, deine Aufzeichnungen vollständig zu öffnen. Du musst auch bereit sein, dem zu vertrauen, was passiert, wenn du mit den Aufzeichnungen arbeitest. Vertrauen und Loslassen ermöglichen es dir, der Führung aus deinen Aufzeichnungen zu erlauben, in dein Bewusstsein zu kommen, ohne dass dich das, was um dich herum geschieht, stört.

Um deine Aufzeichnungen zu öffnen, musst du einen entspannten Zustand von Körper, Geist und Seele haben, wenn du mit ihnen arbeitest. Du kannst dich nicht zu einer Vereinbarung zwingen oder negative Gedanken verwenden, um sie zu brechen. Tatsächlich kannst du deine Aufzeichnungen nicht öffnen, wenn du in dem Moment, in dem du es versuchst, einen negativen Gedanken in deinem Kopf hast. Du musst bereit sein, aufkommende Gedanken loszulassen und darauf vertrauen, dass sie von deinen Geistführern betreut werden, während du mit beiden gemeinsam durch eine Einstimmung auf die Kommunikation arbeitest.

Um deine Aufzeichnungen zu öffnen, brauchst du die Fähigkeit, dich zu konzentrieren und den Wunsch, dich auf diese Erfahrung einzulassen. Du musst dich emotional stabil und energetisch geerdet fühlen und eine klare Absicht haben, bevor du die Methode des Öffnens der Aufzeichnungen anwendest. Nutze das Öffnen der Aufzeichnungen nicht, wenn du müde bist oder einen bestimmten Grund hast. Geh einfach in die Aufzeichnungen hinein, wenn du dich gut fühlst, denn so können deine Berater/innen besser mit dir arbeiten und du bist frei für Informationen in ihnen.

KAPITEL 3. ZUGANG ZU DEINEN AKASHA-AUFZEICHNUNGEN: DOS UND DON'TS

Akasha-Aufzeichnungen sind die Spuren von allem, was jemals im Universum passiert ist. Die Akasha-Aufzeichnungen sind wie eine riesige Bibliothek, die jedes Ereignis, jeden Gedanken und jedes Gefühl seit Anbeginn der Zeit enthält. Die Aufzeichnungen enthalten die Geschichte jeder Seele, einschließlich unserer Gedanken und Gefühle zu jedem Thema; jeder Gedanke oder jedes Gefühl ist dauerhaft in Form von Energie gespeichert.

Jeder Mensch kann jederzeit auf seine Akasha-Aufzeichnungen zugreifen, um seine persönliche Geschichte und seine Erfahrungen einzusehen. Aber denk an diese Grundregeln, denn es gibt einige klare Gebote und Verbote, wenn du dich mit deinen Akasha-Aufzeichnungen verbindest.

NIEMAND KANN OHNE DEINE AUSDRÜCKLICHE ZUSTIMMUNG AUF DEINE AKASHA-AUFZEICHNUNGEN ZUGREIFEN.

Wenn du einen bestimmten Teil deiner Akasha-Aufzeichnungen aus irgendeinem Grund nicht sehen möchtest, wird er für alle Leser/innen gesperrt, bis du bereit bist, diesen Teil von dir zu sehen. Es kann für Leser/innen schwierig oder unmöglich sein, auf deine Aufzeichnungen zuzugreifen, wenn etwas in deinem Energiefeld nicht will, dass sie einen Teil davon lesen. Sobald diese Energie jedoch neutralisiert wurde, wird dieser Teil in deinen Akasha-Aufzeichnungen für alle zugänglich sein.

JEMAND, DER WEIß, WIE MAN AKASHA-ROLLEN ÖFFNET, KANN AUF DEINE ZUGREIFEN, ODER DU KANNST LERNEN, DEINE EIGENEN ZU ÖFFNEN.

Niemand darf Informationen aus deinen Akasha-Aufzeichnungen wegwerfen. Wenn du nicht möchtest, dass bestimmte Informationen veröffentlicht werden, muss der Besitzer dieser Energie selbst damit umgehen. Oft wissen die Menschen nicht mehr, warum sie zu einem bestimmten Zeitpunkt in ihrem Leben ein bestimmtes Gefühl oder einen bestimmten Gedanken hatten, aber wenn sie die Aufzeichnungen selbst sehen, wird es offensichtlich sein.

Du solltest sehr vorsichtig damit sein, was in dein Energiefeld (deine Gedankenmuster) gelangt, denn der nächste Leser deiner Akasha-Aufzeichnungen ist sich dieser Art von Projektion vielleicht nicht so bewusst wie du. Denke daran, dass andere deine Aufzeichnungen lesen werden, und wenn sie nicht verstehen, was dort eingeprägt wurde, werden sie vielleicht versuchen, den Eindruck zu "korrigieren", der in deinem Energiefeld hinterlassen wurde.

Am besten wäre es, wenn du lernst, wie du andere Menschen daran hinderst, in deine Akasha-Aufzeichnungen einzudringen. Als Eigentümer deiner Energie hast du das Recht, dafür zu sorgen, dass nur DU sie lesen kannst und dass andere nicht versuchen, die Aufzeichnungen zu verändern. Wenn jemand anderes versucht, in deine Akasha-Aufzeichnungen einzudringen, muss er/sie zuerst DEINE Energie um Erlaubnis bitten oder warten, bis du ihm/ihr den Eintritt erlaubst.

ERWACHSENEN AB 18 JAHREN IST DER ZUGANG ZU DEN AKASHA-ROLLEN ERLAUBT.

Kinder haben noch nicht genug Lebenserfahrung, um zu ertragen, was sie in ihren Aufzeichnungen finden könnten. Eltern, wenn eure Kinder 18 Jahre alt werden, sollten sie diese Informationen erhalten.

Die Akasha-Aufzeichnungen eines Kindes werden automatisch versiegelt, bis es erwachsen und bereit für das Wissen ist, das sie enthalten. Wenn ein Kind vor diesem Alter gestorben ist, werden auch seine Akasha-Aufzeichnungen versiegelt.

Hellseher/innen und Medien dürfen ohne deine Erlaubnis keine Informationen aus den Aufzeichnungen an andere Personen außerhalb ihres Berufs weitergeben. Erlaube Hellsehern und Wahrsagern nicht, deine Akasha-Aufzeichnungen zu "lesen", es sei denn, du hast ihre Referenzen überprüft und bist von ihrer Arbeit überzeugt.

Wenn du dich für einen Hellseher oder ein Medium entscheidest, vergewissere dich, dass diese Person für die Arbeit mit den Akasha-Chronikn ausgebildet ist und eine Bescheinigung über ihre Qualifikationen vorlegen kann.

BEI DEN AKASHA-CHRONIKN IST VERTRAULICHKEIT ERFORDERLICH UND UNUMKEHRBAR.

Alle Informationen in den Akasha-Rollen müssen vor allen geheim gehalten werden, auch vor deinen engsten Freunden.

Außer einem professionellen Leser der Aufzeichnungen darf niemand außer dem Eigentümer etwas über die Aufzeichnungen dieser Person wissen. Wenn du jedoch intime Details mit einer Person geteilt hast, die inzwischen verstorben ist, kann es dich überraschen, wenn sie es jemandem in den Aufzeichnungen erzählt.

Das ist kein Fehler des Akasha-Lesers; es ist ein natürliches Phänomen, dessen du dir bewusst sein musst, wenn du intime persönliche Details mit jemand anderem als dir selbst oder deinem professionellen Leser (einem ausgebildeten, professionellen Akasha-Leser, der ein Zertifikat hat) teilst.

Es gibt einige Geheimnisse, die du vielleicht nicht einmal deinem Medium oder Hellseher anvertrauen möchtest. Es ist immer die Entscheidung des Besitzers, ob er etwas in seiner Aufzeichnung vertraulich machen möchte oder nicht. Ein professioneller Vorleser kann nur Informationen über die "äußeren" Ebenen der Informationen in einer ungeöffneten Aufzeichnung preisgeben, aber nichts über die "inneren" Ebenen der Informationen wissen, ohne die Erlaubnis des Besitzers oder einen Gerichtsbeschluss.

Die Fragen und Themen, die von der Person, deren Akasha-Aufzeichnungen geöffnet wurden, hervorgehoben wurden, werden in einer Akasha-Lesung behandelt.

In den Akasha-Aufzeichnungen können Informationen offenbart werden, aber es werden nur Themen und Fragen angesprochen, die für die Person relevant sind, die ihre Aufzeichnungen geöffnet hat.

Die Akasha-Rollen sollten nicht zu Unterhaltungszwecken geöffnet werden.

Akasha-Lesungen werden nie als Teil einer "Gruppenlesung" durchgeführt. Jeder Einzelne muss die Möglichkeit haben, seine Fragen zu stellen und entsprechende Antworten zu erhalten.

Ein professioneller Leser kann zu Bildungszwecken auf die Akasha-Aufzeichnungen zugreifen, aber erst, NACHDEM der Besitzer der jeweiligen Aufzeichnung die Erlaubnis dazu erhalten hat. Die Akasha-Chronik sind nicht für die Neugierde anderer bestimmt!

Die Regeln, die für die Informationen in den Akasha-Rollen gelten, sind dieselben, die auch für private Gespräche in den eigenen vier Wänden gelten. Wenn du nicht willst, dass andere hören, was du sagst, dann sprich leise!

Zu den Gesprächen in den Akasha-Aufzeichnungen, die privat gehalten werden sollten, gehören:

- Persönliche Informationen über andere Menschen; Geheimnisse; intime Details aus dem Privatleben einer Person.

- Das Wissen über die Akasha-Rollen darf nicht mit anderen geteilt werden.
- Geschäftsinformationen, Wissen, das der Karriere anderer schaden könnte, oder Geheimnisse jeglicher Art, in die du zu deinen Lebzeiten eingeweiht warst.
- Informationen über Verbrechen - insbesondere über Gewaltverbrechen und Morde - sollten in den Akasha-Aufzeichnungen verborgen bleiben, wenn du Zeuge dieses Verbrechens warst.

Es kann sein, dass in den Aufzeichnungen Informationen über Ereignisse auftauchen, an denen du beteiligt warst, die aber zu deiner Zeit nicht relevant waren; Informationen, die du jetzt preisgeben willst, solltest du vorher mit deinem Fachleser besprechen.

Deine Fragen sind die Grundlage für ein Akasha Chronik Reading.

Der professionelle Vorleser kann manchmal eine Frage stellen, aber die Akasha-Rollen werden immer zuerst auf deine Fragen antworten.

Akasha-Lesungen helfen dir, dich auf die wichtigsten Themen in deinem Leben zu konzentrieren.

Auch wenn einige Informationen in den Akasha-Rollen "lebensverändernd" sein können, sollen sie nicht an die Stelle deiner Intuition treten.

Es gibt keinen Grund, Fragen zu stellen, auf die du die Antworten bereits kennst.

Die Akasha-Chronik sind nicht für den Geschichtsunterricht gedacht. Sie befassen sich mit Ereignissen in der Gegenwart und Zukunft, die die heute lebenden Menschen betreffen.

Es ist Zeitverschwendung, nach Dingen zu fragen, die in der Vergangenheit passiert sind; du kannst diese Informationen auch selbst suchen.

Akasha-Rekord-Lesungen basieren nicht auf Astrologie, Numerologie oder anderen esoterischen Methoden (z.B. Tarotkarten). Diese Disziplinen können dein Verständnis verbessern und dich in die Lage versetzen, das Geschehen während einer Akasha-Lesung zu interpretieren. Dennoch sollten sie nicht als Informationsgrundlage für eine Lesung verwendet werden.

Akasha-Aufzeichnungen werden immer in Bezug auf die Person gelesen, deren Aufzeichnungen geöffnet wurden.

Die Akasha-Rollen offenbaren uns nur das, was wir wissen müssen oder wollen, nicht mehr und nicht weniger! Sie geben NICHT das gesamte Wissen des Universums preis, sondern nur das, was für uns zu diesem Zeitpunkt relevant ist.

Ein professioneller Vorleser oder eine professionelle Vorleserin muss "urteilsfrei" sein; er oder sie wird die Person, deren Aufzeichnungen geöffnet wurden, nicht verurteilen - und die deshalb vielleicht Informationen erhält, die sie nicht hören will.

Dein rechtmäßiger Name ist wichtig.

Namen sind sehr wichtige Identifikatoren in den Akasha-Aufzeichnungen. Über Menschen, die zu Lebzeiten "bekannt" sind, werden in den Akasha-Aufzeichnungen oft Informationen offenbart, aber nur, wenn die Person zu Lebzeiten von "öffentlichem Interesse" war.

Menschen, die in ihrer Gemeinschaft etwas bewirken, haben Informationen über sich in ihren Akasha-Aufzeichnungen. Menschen, die berühmt, berüchtigt oder berüchtigt sind, müssen vor dem Öffnen ihrer Aufzeichnungen abgeklärt werden.

Verwende immer deinen offiziellen Namen, wenn du deine Aufzeichnungen öffnest. Verwende nicht deine "Spitznamen" oder deinen mittleren Namen. Menschen, die mit ihrem richtigen Namen nach Informationen über sich selbst suchen, finden ihre Akasha-Aufzeichnungen ohne Probleme.

Bewusstseinsverändernde Substanzen, wie Drogen und Alkohol, können dich behindern.

Drogen und Alkohol verzerren deine Wahrnehmung der Realität. Es kann sein, dass es weder dir noch dem professionellen Leser klar ist, ob deine Wahrnehmung der Realität verzerrt ist. Das kann zu Fehlern beim Lesen der Akasha-Rollen führen. Das Öffnen deiner Akasha-Rollen in diesem Zustand ist respektlos gegenüber deinen Geistführern und eine Beleidigung für die Akasha-Rollen. Am besten ist es, sie überhaupt nicht zu öffnen. Wenn du es tun musst, warte bitte bis später oder lass einen Freund oder eine Freundin für dich lesen, der/die keine Drogen oder Alkohol zu sich nimmt. Verschreibungspflichtige Medikamente für deine körperliche Gesundheit haben keinen Einfluss auf die Ergebnisse einer Akasha-Chronik s-Lesung.

Rituale zu vermischen ist nicht der beste Ansatz.

Das Öffnen deiner Akasha-Rollen sollte nicht mit anderen Ritualen verbunden werden, die du ebenfalls praktizierst. Akasha-Chronik s-Lesungen sind eine persönliche Erfahrung. Wenn andere spirituelle Rituale und Praktiken kombiniert werden, können die Erkenntnisse für dich und sogar für deinen professionellen Leser verwirrend sein.

Akasha-Chronik -Lesungen können keine Therapie ersetzen oder eine Situation verbessern.

Die Informationen, die dir bei einer Akasha-Lesung offenbart werden, reichen nicht aus, um eine Situation zu "reparieren" oder ein Problem für dich zu lösen. Du musst diese Situationen und Probleme mit allen verfügbaren Mitteln angehen, einschließlich einer Therapie. Probleme entstehen oft, wenn Menschen denken, dass das Öffnen ihrer Aufzeichnungen eine Abkürzung zur Lösung ihrer Probleme ist. Das ist es aber nicht.

Frag nicht, was in der Zukunft passieren wird.

Generell gilt, dass die Akasha-Aufzeichnungen nicht dazu verwendet werden, zukünftige Ereignisse vorherzusagen. Es ist selten, dass solche Informationen bei einer Akasha-Lesung enthüllt werden. Wenn solche Informationen enthüllt werden, sind sie nie vollständig oder genau. Das Leben eines Menschen lässt sich nicht in saubere Zeitabschnitte unterteilen. Unsere Zukunft wird immer von den Entscheidungen beeinflusst, die wir treffen, und von denen, die uns umgeben. Die Akasha-Aufzeichnungen sind die Geschichte unserer Lebensenergie - sie sind keine Kristallkugel.

Wenn du die Aufzeichnungen liest, ist es wichtig, dass du dich auf das Erlebnis einlässt.

Am besten wäre es, wenn du genügend Zeit mit deinen Aufzeichnungen verbringst, um die besten Ergebnisse zu erzielen. Wenn du nur ein paar Seiten liest oder überfliegst, wirst du wahrscheinlich keine "Aha!"-Momente erleben. Du solltest dir eine ruhige Zeit gönnen, um dich zu entspannen und die Dinge in deinen Aufzeichnungen zu lesen und zu betrachten - so als würdest du ein Buch lesen, das du schon lange lesen wolltest.

Die Entitäten und ihre Rollen im Akasha-Reich

Es gibt Wesen, denen du begegnen wirst, wenn du deine Akasha-Aufzeichnungen öffnest. Sie erfüllen bestimmte Aufgaben im Akasha-Reich, und einige werden dir persönlich helfen. Diese Wesen, die für das "Schreiben" oder Aufzeichnen deiner Lebensgeschichte verantwortlich sind, helfen dir, die Informationen in deiner Aufzeichnung anzuzapfen. Andere Führer und Energiewesen in diesem Reich beeinflussen, wie du die Informationen siehst, sobald sie vor dir erscheinen.

Die meisten dieser Wesen sind keine Fremden für dich. Sie können sogar sehr vertraute Freunde und Familienmitglieder in deinem täglichen Leben sein.

Wenn du deinen Akasha-Datensatz anzapfst, ist es hilfreich, die Namen einiger der Wesen zu kennen, die dich auf dieser Reise unterstützen.

Der göttliche Schöpfer hat unser Universum und alle Lebensformen darin erschaffen.

Die Herren der Rekorde sind riesige Wesen, die deine Wächter-Entität umgeben. Sie mischen sich nicht in dein Leben ein, aber sie sind da, um dich zu unterstützen und zu schützen. Sie können auch von jemandem angerufen werden, der mit dem Akasha-Reich Kontakt aufgenommen hat.

Die Wächter-Entität wacht über deine Akasha-Aufzeichnungen. Sie wird alle deine Fragen beantworten und dir genau zeigen, was du sehen musst, wenn du deine Akasha-Aufzeichnungen benutzt.

Das Lichtwesen ist derjenige, der dir die tatsächlichen Erinnerungen und Erfahrungen aus deinen vergangenen Leben zeigen wird. Es wird seine eigene Persönlichkeit haben, also versuche, es nicht zu sehr zu lenken, sondern lass es das tun, was es am besten kann - die Dinge in geordneter Weise zeigen.

Dein Blue Ray Master hilft dir, alle Informationen zu verstehen, die für dich zu schwierig oder zu komplex sein könnten. Er wird dir auch alles in Worte übersetzen, was das Lichtwesen dir während deiner Sitzung zeigt.

Die Aufgestiegenen Meister sind als Unterstützungsgruppe da, falls bei deiner Sitzung etwas schief geht, und sie können dir bei Bedarf ein wenig von ihrer eigenen Energie geben. Es sind Aufgestiegene Meister aus verschiedenen Traditionen, darunter Christentum, Islam, Buddhismus und viele mehr.

Die Gruppenseele von den Plejaden sind Meister der Energie und der Information. Deshalb sind sie beauftragt, das, was du siehst und hörst, in eine Form zu übersetzen, die du verstehen kannst. Sonst wäre es zu verwirrend, denn niemand spricht in Rätseln, wenn er seine Akasha-Aufzeichnungen betrachtet.

Dein Höheres Selbst ist deine eigene höhere Seele. Es ist deine Verbindung zum göttlichen Schöpfer, und es wird zu dir kommen, wenn du mit den Akasha-Aufzeichnungen Kontakt aufnimmst, um zu zeigen, dass du in Kontakt mit deiner eigenen göttlichen Essenz bist.

Zu deinem Führungsteam für andere Leben gehören alle, die in früheren Leben zusammengearbeitet haben, um sich gegenseitig zu helfen, ihr größtes Potenzial zu entfalten. Sie werden dir auch dabei helfen, die vielen Nuancen deines Akasha-Datensatzes zu verstehen, die du sonst vielleicht nur schwer begreifen kannst.

Du kannst jede dieser Entitäten anrufen, wenn du Kontakt zu deinen persönlichen Akasha-Aufzeichnungen aufnimmst, denn sie sind tatsächlich Mitglieder deiner Seelenfamilie.

Eine gute Vorbereitung wird die Erfahrung des Zugriffs auf deine Aufzeichnungen verbessern und dir helfen, Informationen zu erhalten, die für dich heute relevant sind. Denke daran: Wenn du auf deine Aufzeichnungen zugreifst, wird alles, was darin enthalten ist, für den Zeitraum des Zugriffs erweckt. Je mehr du in der Energie der Liebe, des Friedens und der Freude bist, desto mehr wirst du bewusst ein stressfreies Leben erleben. Wenn du auf deine Aufzeichnungen zugreifen willst, ist es wichtig, dass du dich gut fühlst und keine negativen Gefühle oder Erfahrungen mit dir hast.

Um Zugang zu diesen Informationen zu erhalten, musst du zuerst deine Akasha-Aufzeichnungen öffnen, indem du dich mit deinem Höheren Selbst verbindest. Wenn du dich der höheren Führung geöffnet hast, ist es möglich, auf die Akasha-Aufzeichnungen jeder Person oder jedes historischen Ereignisses zuzugreifen, indem du einfach danach fragst. Der Zugang zu diesen Aufzeichnungen erfolgt in drei Schritten:

1) Mit dem Geist verbinden
2) Deine eigene Akasha-Aufzeichnung öffnen
3) Zugang zu den Akasha-Aufzeichnungen einer anderen Person

Der Prozess beginnt damit, dass du dich durch Meditation, Gebet und andere spirituelle Praktiken mit deinem Geist verbindest, damit du Führung von deinem höheren Selbst erhalten kannst. Du kannst die Aufzeichnungen auch durch intensive Visualisierung und Absicht öffnen, indem du dir ein helles Licht im Bereich deines dritten Auges vorstellst, das deine Verbindung zum Geist repräsentiert.

Der nächste Schritt ist, dein höheres Selbst zu fragen, ob es möglich ist, historische Informationen über eine bestimmte Person oder ein bestimmtes Ereignis zu erhalten. Wenn ja, musst du sagen, was du wissen willst und dann fragen, ob du die Erlaubnis dazu bekommst. Vielleicht wird dir sogar ein Datum genannt, das wichtig ist, weil es sich auf den Zeitpunkt bezieht, an dem die Information in die Akasha-Aufzeichnungen eingeprägt wurde. Oder es wird dir gesagt, dass es noch keine solche Aufzeichnung gibt, weil die Information weder von dir selbst durch das kollektive Bewusstsein noch vom Geist in Form eines Traums oder einer Prophezeiung freigegeben wurde.

Wenn es an der Zeit ist, auf die Akasha-Aufzeichnungen einer anderen Person zuzugreifen, musst du zuerst dein höheres Selbst fragen, ob dies möglich ist. Oft beinhaltet die Anfrage, dass du die Erlaubnis der betreffenden Person haben musst, bevor du auf diese Informationen zugreifen kannst. Es ist auch möglich, dass die betreffende Person ihren Geist noch nicht um Erlaubnis gebeten hat, auf ihre Akasha-Aufzeichnungen zuzugreifen, weil sie vielleicht noch nicht bereit ist, sich den Informationen in ihnen zu stellen.

Wenn du die Erlaubnis entweder von dir selbst oder von der betreffenden Person erhalten hast, frage dein höheres Selbst nach Geburtsdatum, Name, Geburtsort und anderen wichtigen Details über diese Person. Vielleicht werden dir auch Symbole und Farben gezeigt, die dir helfen, die richtigen Akasha-Aufzeichnungen aufzurufen. Die Symbole und Farben sind bei jeder Person anders, deshalb musst du wissen, wie sie aussehen sollten, wenn du dich mit deinem höheren Selbst verbindest.

Wenn du die Akasha-Aufzeichnungen einer anderen Person öffnest, mag es sich seltsam anfühlen, weil es eine ungewohnte Art zu denken und wahrzunehmen ist, aber nur dein Ego wird sich darüber Gedanken machen und nicht dein höheres Selbst. Wenn du die Informationen einmal selbst erfahren hast, werden sie dir helfen, deine Bewusstseinsebene anzuheben. Es ist wichtig, sich daran zu erinnern, dass die Akasha-Aufzeichnungen einer anderen Person immer präsent sind, aber auf eine Art und Weise, die sich stärker anfühlt als in deinem normalen Wachzustand.

Es gibt einige grundlegende Richtlinien, die du beim Zugriff auf die Akasha-Rollen befolgen musst. Erstens ist es wichtig, daran zu denken, dass du nichts mehr ändern kannst, wenn du etwas gesehen hast, indem du die Akasha-Aufzeichnungen einer Person abrufst. Daher ist es am besten, nicht nach Dingen zu fragen oder zu suchen, die persönlich verletzend oder schädigend sein könnten. Du solltest zum Beispiel nicht darum bitten, die Zukunft einer Person zu sehen, wenn du weißt, dass es für sie irgendwie schlecht sein wird. Es ist am besten, nicht auf die Akasha-Aufzeichnungen einer anderen Person zuzugreifen, es sei denn, du hast die Erlaubnis dazu, denn dein höheres Selbst könnte dir ohne ihr Wissen Informationen geben, die später in der Beziehung zu Problemen führen.

Denke auch daran, nicht auf die Akasha-Aufzeichnungen von Kindern oder Neugeborenen zuzugreifen, da sie noch nicht genug Lebenserfahrung haben, um sinnvolle Verbindungen mit ihren Handlungen herzustellen. Daher wäre es ein Eingriff in die Privatsphäre. Es ist auch wichtig, dass du ohne Erlaubnis keine Fragen über andere stellst. Die Informationen, die du von deinem Höheren Selbst erhältst, werden immer wahr sein, aber es kann sein, dass sie zum Zweck deines Lernens leicht verzerrt sind, also überprüfe sie, bevor du weitermachst.

Schließlich solltest du bedenken, dass bei der Verbindung mit den Akasha-Chronikn immer sowohl du selbst als auch eine andere Person energetisch anwesend sind, auch wenn sie zu diesem Zeitpunkt nicht physisch anwesend sind. Es ist auch möglich, in der Zukunft auf die Akasha-Rollen anderer Menschen zuzugreifen, nachdem du Erfahrung und Fähigkeiten erworben hast, allerdings mit einer Warnung. Wenn du zu oft auf die Akasha-Chronik einer anderen Person zugreifst, kannst du ihr Schicksal verändern, da sie es durch ihren freien Willen selbst erschaffen hat.

Du hast jetzt einen Einblick erhalten, wie du sicher auf Informationen in der Akasha-Aufzeichnung zugreifen kannst. Ich bitte dich also dringend, keine Angst vor dem zu haben, was du finden könntest, denn es wird dir nur dazu dienen, dich zu erleuchten.

.

Kapitel 4. Die Verbindung mit deinem inneren Bewusstsein durch die ewige Zeitlinie

Akasha ist der Ort, an dem sich Gedanken, Handlungen und Gefühle befinden, wenn sie nicht aktiv geäußert werden. Vergangene, gegenwärtige und zukünftige Aufzeichnungen sind mit dem Geist unseres Bewusstseins verbunden, der als die ewige Zeitlinie der Akasha-Aufzeichnungen bezeichnet wird.

Ein spezielles System von Symbolen und geometrischen Formen wurde entwickelt, um die Informationen so zu organisieren, dass sie nur etwas bedeuten, wenn du sie als Individuum verstehst. Mit anderen Worten: Dieses Muster ist nur für dein Bewusstsein verständlich.

Wenn wir also einen Weg finden, unser Bewusstsein mit Akasha zu verbinden, bedeutet das, dass unser Geist mit unbegrenztem Wissen über Zeit und Raum verbunden werden kann.

Vergangene Aufzeichnungen

Vergangene Aufzeichnungen sind Ereignisse, die geschehen sind und sich in den Akasha-Aufzeichnungen materialisiert haben. Diese Aufzeichnungen existieren in zwei Formen. Die erste Form definiert Erinnerung als ein Ereignis, eine Reaktion oder ein Gefühl, das in der Akasha gespeichert ist. Die zweite Form bezeichnet den Akt des Abrufens von Gedanken, Gefühlen oder Erinnerungen an frühere Ereignisse. In den Akasha-Aufzeichnungen können sich Menschen auf viele verschiedene Arten mit ihrer Vergangenheit verbinden. Es gibt viele Wege, um an die Aufzeichnungen der Vergangenheit zu gelangen. Einige davon sind Symbole, geometrische Muster und Geometrieprinzipien. Du kannst auch auf deine Aufzeichnungen zugreifen, indem du dich mit deinem Geist verbindest, denn wir Menschen haben nur ein begrenztes Wissen über Zeit und Raum.

Zu den Vergangenheitsaufzeichnungen gehören auch Déjà-vus. Ein Déjà-vu ist ein französischer Begriff, der "schon gesehen" bedeutet. Die meisten Menschen erleben irgendwann in ihrem Leben ein Déjà-vu, und es gilt als sehr häufig. Es kann so einfach sein, dass dir etwas, das du noch nie gesehen hast, bekannt vorkommt, oder dass du eine ungewöhnliche Zahlenkombination siehst und denkst, dass du sie schon einmal gesehen hast. Manche Menschen erleben regelmäßig ein Déjà-vu.

Zu den Aufzeichnungen der Vergangenheit gehören auch Vorahnungen, Träume oder Visionen. Eine Vorahnung ist ein Gefühl oder ein Eindruck, dass etwas Bestimmtes in der Zukunft passieren wird, da eine Person durch die Akasha-Aufzeichnungen über vergangene oder zukünftige Ereignisse informiert wird. Die meisten Menschen haben manchmal ein solches Gefühl, aber sie ignorieren es.

Oft entscheiden sich Menschen für eine Reinkarnation, weil sie sich in ihrem nächsten Leben neue Möglichkeiten wünschen. Oft geht es darum, Fehler oder Muster aus früheren Leben wiedergutzumachen; andere wünschen sich vielleicht eine bessere Lebensqualität als die, die sie bisher erlebt haben. Wieder andere möchten, dass sich ihnen dieses Mal die Gelegenheit bietet. Unabhängig davon, warum du den Wunsch hast, wieder zu inkarnieren, gibt es keinen Zweifel daran, dass die Erinnerungen an frühere Leben dein jetziges Leben beeinflussen können - durch die Karma-Aufzeichnungen, die alle Erfahrungen und Emotionen enthalten, die du in jedem Leben gemacht hast, das du gelebt hast.

Karma umfasst Gedanken, Worte und Handlungen, von denen man annimmt, dass sie einen bestimmten Einfluss auf zukünftige Ereignisse haben. Einfach ausgedrückt, bestimmt das Karma, wie wir andere und uns selbst behandeln - jede unserer Handlungen erzeugt Energie, die in den Akasha-Aufzeichnungen gespeichert wird; diese Energie wirkt sich im Laufe der Zeit auf andere Menschen und uns aus. Mit der Zeit nimmt dein Karma eine bestimmte Form an - es prägt dich in jedem Moment.

Das Wichtigste ist, dass wir uns daran erinnern, dass wir unser Karma wirklich ändern können. Jeden Tag werden uns Zeichen und Omen gegeben, die uns sagen, ob wir unsere Handlungen, Worte und Gefühle ändern müssen. Auch unser früheres Leben kann unser jetziges beeinflussen. Der einfachste Weg, an diese Informationen heranzukommen, sind Symbole - kleine Erinnerungen an das, was wir wissen müssen, um Negatives aus früheren Leben loszulassen.

Jedes Symbol birgt eine Fülle an Wissen über ein bestimmtes Leben und darüber, wie das Karma entstanden sein könnte. Ein Adler steht zum Beispiel für Freiheit, aber er kann auch für den Tod eines geliebten Menschen oder einen persönlichen Kampf stehen, den man durchlebt hat. Jedes Symbol hat mehrere und unterschiedliche Bedeutungen, je nachdem, wie du dich ihm näherst. Deshalb ist es sehr wichtig, dass du dich zurückziehst und dein Leben von außen betrachtest - konzentriere dich nicht zu sehr auf deine Sichtweise, denn die könnte im Laufe der Zeit leicht verzerrt worden sein.

Das geht am besten durch Meditation, damit du deine Seele öffnen und Botschaften von den Akasha-Chronikn empfangen kannst - allesamt ein Teil deiner Ewigen Zeitlinie mit unendlichem Wissen über Zeit und Raum.

Zu den Aufzeichnungen der Vergangenheit gehören auch Verhaltensweisen, Aktivitäten und Gedanken aus unserem täglichen Leben. Wenn du also schlechte Laune hast und andere schlecht behandelst, wird diese Information in den Akasha-Aufzeichnungen gespeichert. Das wirkt sich nicht nur auf dich selbst aus, sondern auch auf deine Mitmenschen.

Wie oft denkst du über dein früheres Leben nach? Glaubst du, dass sie in irgendeiner Weise mit deinem jetzigen Leben verbunden sind? Glaubst du, dass sie einen Einfluss auf deine Zukunft haben werden? Wenn ja, welche Art von Einfluss hat oder wird er deiner Meinung nach haben? Was ist, wenn du dich an nichts aus einem früheren Leben erinnern kannst? Denke einen Moment darüber nach.

Aktuelle Aufzeichnungen

Im Gegensatz dazu sind die Aufzeichnungen der Gegenwart die Ereignisse, die sich gegenwärtig in unserem Leben abspielen. Diese Aufzeichnungen gibt es auf viele Arten. Eine Möglichkeit ist, wenn du jemandem von einem Ereignis erzählst, das noch in deinem Leben passiert ist, und er sagt: "Ich weiß." Diese Art von Aufzeichnungen wird in den Symbolen und geometrischen

Formen von Akasha aufgezeichnet, um die Erinnerungen nach ihrer Art zu klassifizieren. Eine andere Möglichkeit sind Gefühle und Gedanken, die auftauchen, bevor eine bestimmte Erfahrung oder ein bestimmtes Ereignis passiert ist. Auch diese Aufzeichnungen werden im System der Akasha-Symbole und -Geometrien nach ihrer Relevanz für die Gegenwart klassifiziert.

Denk daran, dass ein Symbol in Form eines Emoticons wie ein Geschenk ist, weil es unsere Gefühle und Gedanken in diesem Moment ausdrückt. Wenn du an einem Punkt in deinem Leben bist, an dem du dich niedergeschlagen und nervös fühlst, senden die Menschen um dich herum vielleicht Signale oder Zeichen aus, auf die du achten und hören solltest. Diese werden als Gegenwartsaufzeichnungen gespeichert, solange wir auf die Informationen zugreifen, bevor wir diese Ereignisse richtig einordnen.

Jedes Mal, wenn ein Gedanke, ein Wort oder ein Gefühl geäußert wird, wird es ein Teil deiner gegenwärtigen Aufzeichnungen - wenn du jemandem sagst, dass du etwas tun wirst, es dann aber nicht durchziehst, wird auch das aufgezeichnet. Unsere Gedanken und Gefühle werden immer in den Akasha-Aufzeichnungen aufgezeichnet, weil sie in der Ewigen Zeitlinie existieren.

Alles, was du anderen oder für andere tust, wird auch in den gegenwärtigen Aufzeichnungen festgehalten, selbst wenn wir es zu diesem Zeitpunkt nicht wissen. Das kann z. B. passieren, wenn du etwas Nettes für jemand anderen tust, dieser deine Bemühungen aber nicht zu schätzen weiß. Trotzdem werden die Gedanken und Gefühle der Wertschätzung in den Gegenwartsaufzeichnungen festgehalten, so dass sie zu einem späteren Zeitpunkt wieder auftauchen, wenn sie sich an deine Tat erinnern.

Auch die Erziehung der Kinder wird in deinen Gegenwartsaufzeichnungen festgehalten, denn sie werden täglich vom Leben beeinflusst. Angenommen, dein Kind ist ständig Gewalt oder schlechtem Verhalten ausgesetzt. In diesem Fall werden diese Aufzeichnungen diese Art von Aktivitäten aufzeigen, vor allem wenn es sich an einem Verhalten beteiligt, von dem es weiß, dass es nicht richtig ist.

Eine weitere Möglichkeit, wie sich diese Aufzeichnungen zeigen, ist unsere Gesundheit. Wir können leicht erkennen, wie schlechte Essgewohnheiten oder Bewegungsmangel in den Akasha-Aufzeichnungen aufgezeichnet werden und sich später auf unsere Gesundheit auswirken können. Das Gleiche gilt für eingenommene Medikamente, pflanzliche Heilmittel usw. Diese Aufzeichnungen werden in den gegenwärtigen Aufzeichnungen gespeichert, um sich später daran zu erinnern, wenn du nicht mehr krank bist oder Medikamente brauchst.

Wenn wir an all die Aktivitäten denken, denen wir täglich nachgehen, ist es erstaunlich, wie viele Dinge aufgezeichnet werden - ob wir das wollen oder nicht! Und für die Ereignisse, von denen du denkst, dass sie nicht aufgezeichnet werden, gibt es immer Symbole und geometrische Formen, die das Gegenteil beweisen.

Wenn diese Aufzeichnungen so wichtig sind, warum erinnern wir uns nicht an sie? Weil das nicht der Zweck der Aufzeichnungen der Gegenwart ist. Sie sollen uns nicht daran erinnern, woher sie stammen oder wessen Gedanken sie waren, sondern sie sind der Moment, der in der Zeit festgehalten wurde.

Es wäre ziemlich schwer, sich an die Erfahrungen und Ereignisse in allen Einzelheiten zu erinnern. Wenn du zum Beispiel über eine bestimmte Handlung nachdenkst oder eine

Entscheidung triffst, die auf etwas beruht, das dir passiert ist - etwa: "Das ist nicht das, was ich in diesem Moment für mich will." Später dann, wenn die Entscheidung in Erfüllung geht, hast du den Gedanken: "Das ist nicht das, was ich für mich wollte".

Dies ist deine Gelegenheit, ein neues Ereignis wieder aufzurufen oder aufzuzeichnen. Es gibt so viele verschiedene Arten von Aufzeichnungen, dass diese Symbole je nach Zweck und Bedeutung klassifiziert werden. Wenn jemand zum Beispiel daran denkt, sich an einer anderen Person zu rächen, kann er zu den Akasha-Aufzeichnungen gehen und dieses negative Symbol in ein positives Symbol umwandeln. Dann kann er es wieder in das Universum entlassen, um etwas Gutes statt Schlechtes für sich zu erschaffen.

Future Records

Zukünftige Aufzeichnungen sind Ereignisse oder Handlungen, die noch nicht stattgefunden haben, aber in der Zukunft stattfinden werden. Auf diese Weise können wir unser ganzes Leben als eine Reihe von Aufzeichnungen sehen. Da die Zukunft nicht festgelegt ist, kann sie als grenzenlose Möglichkeit gesehen werden, die jederzeit und an jedem Ort eintreten kann. Deshalb müssen wir die Auswirkungen von allem, was wir tun und denken, im gegenwärtigen Moment berücksichtigen. Alles, was du aus vergangenen Ereignissen lernst, wird dir helfen, bessere Entscheidungen für den Umgang mit zukünftigen Ereignissen zu treffen.

Am wichtigsten ist, dass wir verstehen, dass diese Aufzeichnungen nie enden - sie gehen ewig weiter. Auf diese Weise gibt es keine Fehler im Leben. Jedes Ereignis in unserem

Leben hat einen Grund, und jeder Gedanke, den wir haben, ist von Bedeutung. Angenommen, ein Ereignis tritt nicht so ein, wie wir es erwartet haben. In diesem Fall können wir das ändern, indem wir uns selbst befragen oder nach innen gehen, um auf die Ewige Zeitlinie der Akasha-Aufzeichnungen zuzugreifen, die alle Möglichkeiten aufzeigt, die passieren könnten. Die Akasha-Rollen geben dir die nötigen Werkzeuge, um eine bessere Zukunft für dich oder dein Kind zu schaffen.

Es ist wichtig zu erkennen, dass diese Aufzeichnungen in jedem von uns existieren. Sie sind nicht nur auf das Leben einer Person beschränkt, sondern umfassen alles, was existiert. Das sollte jeden dazu veranlassen, in sich zu gehen und zu fragen: Was bedeutet das für mich? Was bedeutet diese Aufzeichnung jetzt für mich?

Wisse, dass es im Leben keine Fehler gibt, sondern nur Lektionen. Alles geschieht aus einem bestimmten Grund, und jedes Ereignis hat eine Bedeutung für deine Gegenwart oder Zukunft. Auf diese Weise kannst du erkennen, wie wichtig es ist, sich die Zeit zu nehmen, um zu verstehen, was um dich herum passiert, anstatt immer nur mit deinem Leben beschäftigt zu sein.

Was wirst du heute tun, um etwas in deiner Zukunft zu ändern? Welche Lektion hast du bereits gelernt? Wie wird sich dieses Ereignis auf mein größeres Wachstum und Verständnis durch eine andere Perspektive oder eine neue Selbsterkenntnis auswirken? Wenn du nicht die volle Kontrolle über deine Gedanken, Worte und Handlungen übernimmst, wird deine Zukunft nicht so sein, wie du sie haben willst. Aber wenn du bereit bist, die volle Verantwortung dafür zu übernehmen, wie du mit jedem Moment deines Lebens umgehst, dann sind die Möglichkeiten endlos.

Was kann ich jetzt tun, um eine bessere Zukunft zu schaffen? Wie kann ich hier und jetzt damit beginnen, meine Ziele zu erreichen? In welcher Beziehung befinde ich mich, die meine Zukunft verbessern wird, wenn ich sie jetzt ändere oder verbessere?

Das sind die Fragen, die du dir jeden Tag stellen musst, um eine neue, positive Realität für dich zu schaffen. Es ist wichtig, daran zu denken, dass alles, was du in deinem Leben tust, einen neuen Datensatz erstellt, der beeinflusst, wer du wirst. Wenn das nicht mit dem übereinstimmt, was du willst, ist es an der Zeit, die Verantwortung für dein Leben zu übernehmen und der Autor deiner eigenen Erfahrungen zu werden.

Von diesem Ort des Bewusstseins aus wird alles möglich. Du kannst neue Aufzeichnungen erstellen, die dir dabei helfen, mit den Menschen in deinem Umfeld das zu erreichen, was du dir für deine Zukunft wünschst. Auf diese Weise kann eine Aufzeichnung eine andere beeinflussen, was eine unendliche Zeitlinie von Möglichkeiten schafft.

Die Akasha-Aufzeichnungen zeigen dir, wie du dein Leben kontrollieren und verstehen kannst, wo du dich in der Ewigen Zeitlinie der Existenz befindest. Es ist ein formloser Prozess, der jedem hilft, der mehr über seine Bestimmung auf der Erde erfahren möchte, um Meister über die Schöpfung zu werden. Es gibt nur einen Schöpfer, aber viele Variablen: Alles und jedes ist möglich.

Schritt 1. Es ist wichtig zu wissen, dass jeder Gedanke, jedes Gefühl und jede Handlung als Aufzeichnung in den Akasha-Aufzeichnungen existiert. Das haben jahrelange Experimente mit Menschen bewiesen, die tief in sich gegangen sind, um Antworten aus den Aufzeichnungen zu erhalten.

Schritt 2. Jetzt ist es an der Zeit, dass du die Akasha-Chronik in dir selbst nutzt. Das wird dir helfen, alle unbewussten Programme und Aufzeichnungen loszuwerden, die dir nicht dienlich sind, und es kann neue Charaktere oder Situationen in dein Leben einladen.

Schritt 3. Der nächste Schritt besteht darin, diese Informationen vollständig zu nutzen, um eine bessere Zukunft für deine Wünsche zu schaffen, indem du neue Aufzeichnungen machst, die für dich funktionieren. Das wird dir helfen, neue Möglichkeiten in deinem Leben zu schaffen, indem du dich auf die Zukunft konzentrierst, statt in der Vergangenheit zu schwelgen.

Schritt 4. Jetzt ist es an der Zeit, dich mit der Ewigen Zeitlinie zu verbinden und dann Portale in diese Zeitlinie zu öffnen. Sobald du eine Spur in dieser Aufzeichnung hinterlassen oder eine Verbindung mit ihr hergestellt hast, wirst du ein neues Gefühl des Wissens in deinem Leben haben. Vielleicht erkennst du auch, dass einige Ereignisse aus der Vergangenheit dazu bestimmt waren, zu geschehen, wenn man bedenkt, was danach geschah.

Schritt 5. Der letzte Schritt besteht darin, neue Denkweisen über dich und die Welt um dich herum zu finden - indem du alle Aufzeichnungen in deinen Akasha-Aufzeichnungen miteinander verbindest. Das wird dir helfen, die Welt anders zu erleben, je nachdem, welche Aufzeichnungen miteinander interagieren.

Es ist wichtig, dass du erkennst, dass es sich um einen fortlaufenden Prozess handelt, nicht um eine einmalige Sache. Es braucht Übung und Hingabe, damit es wirklich funktioniert. Das Universum arbeitet in Kreisläufen, und du musst erst wieder mit dir selbst ins Gleichgewicht kommen, bevor du weitergehen kannst.

Wie du siehst, ist die Verbindung mit deinem inneren Bewusstsein durch die Ewige Zeitlinie der Akasha-Aufzeichnungen ein Prozess, der den Menschen hilft, bessere Aufzeichnungen für ihre Zukunft zu erstellen. Es ist wichtig, die Verantwortung für sein Leben zu übernehmen und der Autor seiner Erfahrungen zu werden, um neue Möglichkeiten zu schaffen. Auf diese Weise braucht es Übung und Hingabe, damit die Dinge funktionieren.

.

Kapitel 5. Die Macht der vergangenen Leben: Die Akasha-Aufzeichnungen erforschen

Die Akasha-Aufzeichnungen sind die allumfassenden Aufzeichnungen jedes Gedankens, jedes Wortes und jeder Tat, die jemals auf der Erde stattgefunden haben. Sie enthalten Informationen über deine vergangenen Leben und darüber, was in deiner Zukunft passieren könnte. Du kannst auf diese Informationen durch deine göttliche innere Weisheit zugreifen, und aus den Akasha-Aufzeichnungen können unsere Geistführer/innen die Informationen entnehmen, die sie uns in den Lesungen geben.

Die Akasha-Chronik können dir Klarheit über deinen Lebensweg, deine Bestimmung und dein weiteres Vorgehen verschaffen. Die Akasha-Chronik sind ein Speicher für alles Wissen, und der Glaube, dass die menschliche Seele niemals wirklich stirbt, bedeutet, dass du sie nutzen kannst, um etwas über deine vergangenen Leben zu erfahren. Der Gedanke an frühere Leben mag seltsam erscheinen, aber er hat mit unserer Identität zu tun und mit der Vorstellung, dass wir ewige Wesen sind. Mit diesem Wissen haben wir die Macht, unser Leben zu verändern.

Vergangene Leben und die Akasha-Chronik

Frühere Leben sind ein wichtiger Aspekt der Akasha-Aufzeichnungen. Die meisten glauben, dass diese vergangenen Leben einen großen Einfluss darauf haben, wie man sein jetziges Leben lebt, einschließlich der Beziehungen und der Anziehung einer bestimmten Zukunft. Durch den Zugriff auf die Akasha-Aufzeichnungen kann man erfahren, was in der Zukunft passieren könnte. Wenn du erfährst, wer du in früheren Leben warst und wie deine Handlungen dir ein bestimmtes Schicksal beschert haben, kannst du leichter erkennen, was in diesem Leben passieren wird. Die Rückführung in frühere Leben ist sehr wirkungsvoll, wenn man die Akasha-Aufzeichnungen erforscht, denn sie ermöglicht es einem, sich selbst besser zu verstehen. Akasha ist nicht nur ein Bereich, in dem du dich an deine vergangenen Leben erinnerst, sondern auch ein Ort, an dem du Zugang zu zukünftigen Informationen hast.

Wenn du die vielen Leben durchlebst, die in deinen Akasha-Aufzeichnungen beschrieben sind, und die Erfahrung deiner Seele eine Ebbe und Flut ist - ein Gefühl, dass du tiefe Wurzeln hast, die Äonen zurückreichen - warum in aller Welt solltest du dich dann darauf beschränken, jeweils nur ein Leben zu leben? Warum solltest du nicht alles, was deine Seele durchgemacht hat, anzapfen, indem du deine vergangenen Leben erforschst? Die Akasha-Aufzeichnungen sind ein mächtiger Weg, um die Erfahrungen deiner Seele anzuzapfen. Der Zugang zu ihnen ist der Ort, an dem unsere Seelen wahrhaftig glänzen.

Der menschliche Geist inkarniert in ein neues Leben und trägt die gesammelten Erfahrungen und das Wissen aus früheren Leben in sich. Wir erinnern uns vielleicht nicht an diese früheren Leben, da sie in diesem Leben gelebt wurden, aber wir werden von etwas in uns geleitet, das uns helfen kann, Zugang zu unseren Akasha-Aufzeichnungen zu erhalten. Um zu erkennen, warum wir jetzt auf der Erde sind und was unsere Bestimmung ist, müssen wir uns auf den tiefsten Teil unseres Selbst einstimmen, indem wir die Erfahrungen aus früheren Leben anzapfen.

Ob du der Reinkarnation zustimmst oder nicht, es ist ein Konzept, das seit Jahrhunderten existiert und immer noch aktuell ist. Da die Reinkarnation eine ewig währende Idee ist, muss man sich fragen, warum sie sich so hartnäckig hält. Die Theorie der Wiedergeburt scheint zu intuitiv, als dass die Menschen nicht schon seit Anbeginn der Zeit darüber nachgedacht hätten. In den meisten Kulturen im Laufe der Geschichte gibt es Berichte, die sich auf Elemente dieser metaphysischen Ideologie beziehen. Das Wichtigste an dieser ganzen Diskussion ist, wie du darüber denkst. Wenn du die Sache nur aus einer Perspektive betrachtest - entweder glaubst du oder nicht -, wirst du die Akasha-Aufzeichnungen nicht optimal nutzen können.

Die Vorstellung, dass unsere Seelen nicht sterben und in andere Leben reinkarnieren, ist nicht neu. Diese Idee gibt es schon seit Tausenden von Jahren, vor allem in der östlichen Philosophie und Religion. Es wäre unmöglich, dieses Thema zu besprechen, ohne zu erwähnen, wie es mit den Akasha-Aufzeichnungen zusammenhängt, denn die Reinkarnation ist eine der wichtigsten Komponenten dieses Phänomens. Alles, was wir in unserem Leben denken, fühlen und tun, wird in den Akasha-Aufzeichnungen gespeichert. Jedes Wort, jeder Gedanke und jede Handlung wird dort gespeichert. Es handelt sich dabei um Informationen auf einer viel tieferen Ebene als der der Zeit, es geht um uns als Seelen - unsere Persönlichkeiten, Gefühle und Erfahrungen - auf einer noch tieferen Ebene als die Zeit selbst.

JEDER HAT EIN VORLEBEN

Frühere Leben haben sich durch kognitive oder emotionale Erinnerungen als wahr erwiesen. Die feinstoffliche Energie des menschlichen Körpers kann überwacht werden, und das liefert Beweise für Erinnerungen an vergangene Leben. Es heißt auch, dass der feinstoffliche Körper uns mit Energie versorgt, die ein wichtiger Bestandteil des Lebens ist. Diese Energie hilft uns, Aktivitäten auszuführen, die in unserem aktuellen Leben erforderlich sind.

Wer an frühere Leben glaubt, glaubt vielleicht, dass eine Therapie in früheren Leben bei Phobien, Suchtproblemen und sogar bei gesundheitlichen Problemen helfen kann. Die meisten Menschen, die süchtig sind, können ihr jetziges Leben nicht genießen, weil sie nicht besonders mögen, was ihr jetziges Leben mit sich bringt. Manche Menschen haben auch das Gefühl, dass sie bestraft werden, wenn sie ein Gesundheitsproblem wie Krebs haben; aber wie bereits erwähnt, könnte dies auf etwas zurückzuführen sein, das ihnen in einem früheren Leben widerfahren ist. Egal, was du glaubst, persönliche Veränderungen in deinem jetzigen Leben können dir helfen, dich besser zu fühlen und Positives in dein Leben zu bringen.

AKASHA-LESUNGEN AUS DEM VERGANGENEN LEBEN

Es wird angenommen, dass vergangene Leben beim Lesen der Akasha-Aufzeichnungen eine Rolle spielen. Das liegt daran, dass die Akasha-Aufzeichnungen die Aufzeichnungen aller Gedanken, Gefühle und Handlungen enthalten, die wir jemals hatten. Rückblicke in vergangene Leben sind eine Art Akasha-Sitzung, bei der du auf deine Akasha-Daten aus vergangenen Leben zugreifen kannst. Dies geschieht anhand von Fragen, die du über deine vergangenen Leben hast. Diese Lesungen sind von Person zu Person unterschiedlich. Manche Menschen erfahren etwas über ihre vergangenen Leben und wie sie waren, während andere sich an nichts erinnern. Ein Beispiel dafür ist ein Herr, der glaubte, er sei ein ägyptischer Sklave gewesen, nur um herauszufinden, dass er genauso alt war wie bei seinem Tod und sogar die gleiche Kleidung trug, als das Gebäude, an dem er arbeitete, einstürzte.

Ein anderes Beispiel wäre eine Frau, die Hitzewallungen hatte und sich fühlte, als wäre sie in den Wechseljahren, obwohl sie noch sehr jung war. In ihrem früheren Leben war sie während eines Bades ermordet worden, weshalb dieses Gefühl zu ihr zurückkehrte. In diesem Fall ist es verständlich, dass die Erinnerung zu der Überzeugung führte, dass sie aufgrund ihrer Erfahrungen in einem anderen Leben jung sterben würde.

Dieser Herr und diese Frau konnten sich an bestimmte Erinnerungen aus ihren vergangenen Leben erinnern, was dir ein besseres Verständnis für die Funktionsweise der Akasha-Aufzeichnungen vermitteln kann. Sie haben sich Wissen angeeignet, das auf ihren Handlungen und Gedanken in früheren Leben basiert. Past-Life-Readings sind ein effektiver Weg, um etwas über das eigene Selbst zu erfahren, denn sie können dir mehr Einblicke geben als die Frage nach deinem nächsten Schritt. Das Wissen um den wahren Sinn und Zweck deines Lebens kann dir durch diese Art des Lesens offenbart werden.

Wenn du nach Antworten suchst, die es in deinem jetzigen Leben nicht gibt, wenn du wissen willst, warum dich bestimmte Sorgen zurückhalten, oder wenn du Muster in den Beziehungen zu deinen Lieben erkennen willst, kann es sehr hilfreich sein, deine früheren Leben aufzusuchen. Du kannst wählen, ob du dein jüngstes vergangenes Leben, dein bedeutsamstes vergangenes Leben oder das von deiner Seele gewählte vergangene Leben besuchen möchtest.

REGRESSION VERSUS LESEN VON ERINNERUNGEN AN VERGANGENE LEBEN

Einer der Unterschiede zwischen der Regression und dem Lesen der Akasha-Aufzeichnungen ist ihre Zugänglichkeit. Wenn man mit Hilfe der Regression nach Informationen über sein früheres Leben sucht, geschieht dies durch Hypnotherapie oder Techniken der Rückführung in frühere Leben, wie z.B. die Altersprogression. Es kann einige Zeit dauern, bis man alle benötigten Informationen aus seinem früheren Leben abrufen kann. Bei einer Akasha-Lesung hast du jedoch sofort Zugang zu deinen Erinnerungen aus früheren Leben, ohne dass du diesen Prozess durchlaufen musst.

Ein weiterer Unterschied zwischen Regression und Ablesen ist die Genauigkeit der Informationen, die mit beiden Methoden gewonnen werden. Bei der Regression gibt es keine Garantie, dass die Erinnerungen genau oder wahr sind. Wenn jemand zum Beispiel in ein vergangenes Leben eines australischen Aborigines zurückgeht, der Schamane war, könnte die Person davon überzeugt sein, dass sie tatsächlich aus diesem Leben stammt. Wenn du hingegen die Akasha-Chronik verwendest, wird angenommen, dass sie aufgrund ihrer Authentizität die direkte Wahrheit über deine vergangenen Leben sind, ohne dass irgendwelche Spekulationen im Spiel sind.

Das Ziel beider Techniken ist ähnlich: Informationen über das vergangene Leben und seine Bedeutung für die Gegenwart zu erhalten. Die Akasha-Chronik können dir jedoch in kürzerer Zeit eine größere Anzahl von Details liefern.

Karma und akashaische Aufzeichnungen

Akasha ist ein Sanskrit-Wort, das mit "Raum" oder "Äther" übersetzt wird. Akasha wird oft mit dem hinduistischen Glauben an Karma in Verbindung gebracht. Karma steht in diesem Zusammenhang für die Summe der eigenen Handlungen, die wiederum künftige Situationen im Leben bestimmen, sowie für die einzige Form wahrer Gerechtigkeit, da es sowohl die Absicht als auch die Tat betrifft.

Da Karma sowohl körperliche als auch geistige Handlungen umfasst, beinhaltet es unweigerlich auch die Akasha-Aufzeichnungen, die Erinnerungsfragmente aus vergangenen Leben sind. Obwohl sich das Karma auf die Handlungen innerhalb eines Lebens konzentriert, überträgt es sich auch auf zukünftige Leben, da die Erinnerungen aus früheren Leben in unseren Akasha-Aufzeichnungen gespeichert sind.

Menschen, die an die Existenz der Akasha-Aufzeichnungen glauben, glauben auch, dass Karma eine Form von unausweichlicher Ursache und Wirkung ist. Die Überzeugung ist, dass die bewusste Arbeit an der Reinigung des gegenwärtigen Lebens zu mehr Wissen und spirituellem Wachstum führt. Manche behaupten jedoch, dass dies auch durch Beobachtung geschehen kann, ohne dass man seine Handlungen absichtlich ändert.

Wenn du von deinem Karma und den Akasha-Aufzeichnungen erfährst, kann dir das helfen zu erkennen, welche Situationen in der Zukunft wahrscheinlich eintreten werden. Vielleicht hast du das Gefühl, dass du in der falschen Zeit lebst oder leidest, weil du zur falschen Zeit am falschen Ort bist. Akasha ist ein komplexes Konzept; daher gibt es keine klaren Antworten, um die Akasha-Aufzeichnungen genau zu erklären. Es ist jedoch wichtig für dich zu verstehen, dass diejenigen, die an Karma glauben, auch an der Idee der Akasha-Chronik und ihrer Sammlung festhalten.

Welche Details solltest du in vergangenen Leben überprüfen?

Eines der wichtigsten Details, die du in deinen vergangenen Leben beachten solltest, ist, wie du mit deiner Umgebung interagiert hast. Warst du glücklich und zufrieden oder vielleicht gequält? Waren deine Handlungen gut oder schlecht? Wie war dein emotionaler Zustand? Je mehr du dich an die Geschehnisse in dieser Zeit erinnern kannst, desto besser wirst du verstehen, woher diese Erinnerungen stammen könnten.

Eine andere Möglichkeit, eine bessere Vorstellung davon zu bekommen, wie dein früheres Leben war, ist, die Menschen in deinem Umfeld zu betrachten. Wenn du zum Beispiel von Menschen umgeben warst, denen es finanziell gut ging, könnte das ein Zeichen dafür sein, dass du dieses Leben damit verbringen solltest, Geld zu verdienen, um der Armut zu entkommen. Wenn du dich in der Nähe von Menschen befindest, die dich missbrauchen, könnte das ein Hinweis darauf sein, dass du in diesem Leben lernen solltest, dich selbst zu verteidigen.

Du kannst auch Träume, Visionen und Gefühle aufschreiben, die du in einem vergangenen Leben hast. Du kannst auch die Gefühle anderer Menschen in deiner Umgebung mit einbeziehen. So erfährst du mehr darüber, wie sich deine aktuellen Situationen auf die Leben um dich herum auswirken und welche Richtung als Katalysator für dein Karma wirkt.

Wenn du feststellst, dass jemand in Gefahr ist oder sich schlecht fühlt, könnte das an etwas liegen, das du in der Vergangenheit getan hast. So kannst du hart daran arbeiten, Verbesserungen zu erzielen.

Die Qualität deines gegenwärtigen Lebens als eines deiner vergangenen Leben

Du bist neugierig, wie dein jetziges Leben in den Akasha-Aufzeichnungen abschneidet? Wenn du einen Bericht über deine Taten in einem früheren Leben liest, kann das helfen, deine Sichtweise auf das, was du tust, zu ändern. Wenn dir nicht gefällt, wie sich dein jetziges Leben entwickelt, dann ist es vielleicht an der Zeit, etwas zu ändern. Das geht am besten, indem du von einem Gemütszustand in einen anderen wechselst, und das kannst du tun, indem du über deinen Bericht aus einem früheren Leben liest. Es kann dir helfen zu verstehen, warum dein jetziges Leben nicht so verlaufen ist, wie du es dir gewünscht hast, oder es kann dich in eine positive Richtung lenken.

Ein guter Ansatz wäre es, eine Liste mit Dingen zu erstellen, die verbessert werden müssen. Nachdem du gelesen hast, wie sie in der Vergangenheit gehandhabt wurden, wirst du vielleicht einige deiner Verhaltensweisen ändern. Wenn es etwas gibt, an dem du härter arbeiten musst, dann ist es vielleicht an der Zeit, es in die Tat umzusetzen. Andererseits, wenn es dir besser geht als vorher, warst du vielleicht schon einmal in dieser Situation. Wenn das der Fall ist, was kannst du aus deinem früheren Leben lernen und wie bietet es eine Lösung für dein jetziges Leben?

Wenn du mehr darüber erfährst, was für ein Karma und welche früheren Leben du hast, kann das helfen, die Qualität deines

Lebens zu verbessern. Wenn es Dinge gibt, die verbessert werden müssen, ist es vielleicht an der Zeit, dich zu ändern oder dein Verhalten anzupassen, damit du kein negatives Karma anziehst. Und wenn etwas korrigiert werden muss, ist das vielleicht ein Zeichen dafür, dass du deine Gewohnheiten ändern solltest.

Wenn du einige deiner Verhaltensweisen änderst und irrationale Überzeugungen durch rationale ersetzt, kann sich das positiv auf deine Zukunft auswirken. Wenn du dein Verhalten nicht änderst und weiterhin an irrationalen Überzeugungen festhältst, kann sich das auch auf andere Bereiche deines Lebens auswirken.

Die Qualität deines jetzigen Lebens hängt von den Entscheidungen ab, die du triffst. Je mehr du darüber erfährst, welches Karma in deiner Vergangenheit lauert, desto weniger wahrscheinlich ist es, dass du irrationale oder falsche Entscheidungen triffst. Wenn du dir bewusst machst, was in einem früheren Leben passiert ist, hilft dir das vielleicht zu verstehen, warum bestimmte Dinge geschehen.

Es wird angenommen, dass die Akasha-Aufzeichnungen einen großen Einfluss darauf haben, wie wir unser Leben leben, unsere Beziehungen und die Art von Zukunft, die wir anziehen. Diejenigen, die an den Zugang zu den Akasha-Rollen glauben, sind der Meinung, dass sie Informationen über frühere Leben offenbaren können und denjenigen, die Zugang zu ihren Aufzeichnungen haben, mehr Kontrolle über ihr Schicksal geben, je nachdem, welche Art von Leben sie gerade führen. Manche Menschen behaupten, dass sie durch die Aufzeichnungen bestimmte Ereignisse aus der Vergangenheit einer anderen Person oder sogar ein ganzes Leben sehen können. Bei so viel Macht mit so wenig Aufwand ist es verständlich, dass manche diese Möglichkeit weiter erforschen wollen.

Kapitel 6. Durch die Linse deines vergangenen und gegenwärtigen Lebens in den Akasha-Aufzeichnungen sehen

Es gibt viele Wege, um deine Lebensaufgabe zu finden. Eine der beliebtesten sind die Akasha-Aufzeichnungen, eine Aufzeichnung aller Ereignisse, die jemals auf der Erde und im Himmel stattgefunden haben. Die Akasha-Aufzeichnungen enthalten alles Wissen, das du dir vorstellen kannst, denn sie sind nicht durch Zeit oder Raum begrenzt wie wir hier auf der Erde.

Menschen können Fragen über ihr Leben stellen und Antworten von ihrem Höheren Selbst erhalten, indem sie ihre Akasha-Aufzeichnungen öffnen. Die Akasha-Aufzeichnungen sind ein unglaubliches Werkzeug, um deine Lebensaufgabe zu finden, denn sie geben dir ein vollständiges Bild von allem, was dir je passiert ist.

Die Akasha-Aufzeichnungen wurden geschaffen, bevor das Universum entstand, und sie enthalten jeden Gedanken, jedes Wort und jede Tat in der Ewigkeit. Deine Aufzeichnungen verraten dir, wie alle deine Gedanken entstehen und wie sie dein Leben beeinflussen. Die Akasha-Aufzeichnungen zeigen dir auch, welchen Zweck deine Gedanken haben und warum das Universum dir bestimmte Erfahrungen im Leben schenkt.

Wenn du dich also verloren oder verwirrt fühlst, was dein nächster Schritt sein sollte, kann es helfen, die Akasha-Rollen zu konsultieren.

Die Bedeutung der Suche nach deinem Ziel

Menschen verbringen ihr ganzes Leben damit, nach einem Sinn für ihr Leben zu suchen, der oft nicht zu existieren scheint. Sie versuchen, ihrem Leben einen Sinn aufzuzwingen, indem sie etwas Großes oder Wichtiges tun müssen, um das Gefühl zu haben, dass sie einen Sinn haben. Aber die Wahrheit ist, dass du bereits einen Grund hast, hier zu sein. Es liegt nicht an dir, über deinen Sinn zu entscheiden; das wurde bereits entschieden, bevor du überhaupt auf die Welt gekommen bist.

Viele Menschen finden keinen Sinn für ihr Leben, weil sie die falschen Fragen stellen. Sie beginnen mit der Frage: "Was möchte ich in meinem Leben erreichen?" oder "Wie kann ich die Welt verbessern?" Es ist jedoch problematisch, deine Lebensaufgabe auf der Grundlage dessen zu formulieren, was wir in der Gesellschaft für wichtig halten.

Es wäre so, als würde man denselben Tag immer und immer wieder wiederholen, bis in alle Ewigkeit. Das würde jeden in den Wahnsinn treiben, weil ihm nie etwas einfallen würde, was er für immer tun wollte, und er würde schließlich jeden Sinn im Leben verlieren.

Die Wahrheit ist, dass es keine richtigen oder falschen Fragen gibt, wenn es darum geht, einen Einblick in deine Lebensaufgabe zu bekommen. Es geht nicht darum, was du tun kannst, um anderen Menschen zu helfen oder die Welt zu einem besseren Ort zu machen. All diese Dinge sind wichtig, aber sie sind nicht deine wahre Bestimmung, denn dein Leben ist bereits durch Ursache und Wirkung mit all diesen Dingen verbunden.

Menschen stellen aus verschiedenen Gründen die falschen Fragen: Sie haben Angst, ihren wahren Lebenszweck zu erkennen, weil sie sich dadurch verletzlicher fühlen; sie wollen die Erwartungen anderer erfüllen, was ihr Lebenszweck sein sollte; oder sie schämen sich für sich selbst und denken, sie müssten sich ändern, damit ihr Leben einen Sinn hat.

Wenn du die falschen Fragen stellst, zwingt dich das dazu, nach einer Antwort zu suchen, die es nicht gibt. Du wirst das Gefühl haben, dass dein Leben keinen Sinn hat und dass nichts jemals so funktionieren wird, wie du es willst. Das kann zu Depressionen und Ängsten führen, weil du das Gefühl hast, dass dein Leben am selben Ort feststeckt. Du bist nicht in der Lage zu erkennen, dass du bereits alles hast, wonach du gesucht hast, aber dass alles nur darauf wartet, dass du einen besseren Weg findest, Fragen über dich selbst zu stellen.

Es ist wichtig, deinen wahren Lebenszweck zu verstehen, denn er wird deinen gesamten Lebensweg bestimmen. Wenn du deinen Lebenszweck nicht kennst, kannst du leicht aus den Augen verlieren, was du tun musst.

Wenn du deinen Lebenszweck erkennst, findest du die Motivation und Kraft, die du brauchst, um in der Welt aktiv zu werden. Das kann auch andere Menschen in deinem Umfeld motivieren - und das ist wichtig, um einen starken Einfluss auf andere zu haben. Wenn du den Sinn hinter deinen Gedanken und Lebenserfahrungen nicht kennst, kann es leicht passieren, dass du dich in einem Strudel der Verwirrung verlierst.

Dennoch sind die Akasha-Aufzeichnungen eine unschätzbare Ressource, wenn es darum geht, unsere Lebensaufgabe zu finden. Die Aufzeichnungen können uns zeigen, wie unsere Gedanken entstehen und wie sie unser Leben beeinflussen. Sie zeigen uns auch, welchen Zweck diese Gedanken haben und warum das Universum uns verschiedene Erfahrungen im Leben schenkt.

Die Akasha-Aufzeichnungen zeigen dir, wie sich dein Schicksal im Laufe der Zeit entfaltet hat. Und sie können dir helfen zu verstehen, warum bestimmte Dinge in deinem Leben passieren - wie Misserfolge oder Erfolge.

Die persönlichen Aufzeichnungen

Die persönlichen Aufzeichnungen aus den Akasha-Aufzeichnungen können sehr nützlich sein, um herauszufinden, warum bestimmte Dinge in unserem Leben passieren. Der Grund dafür ist, dass sie uns zeigen, wie sich unser Schicksal im Laufe der Zeit entfaltet hat. Die Aufzeichnungen können uns die Ursache und Wirkung unseres Handelns zeigen. Wenn wir zum Beispiel eine Situation betrachten, die nicht so verlaufen ist, wie wir es uns gewünscht haben, dann ist die Wahrscheinlichkeit groß, dass es etwas mit unserem Selbstwertgefühl oder mit Ängsten aus unserer Vergangenheit zu tun hat, die in dieser Situation auftauchen.

Die persönlichen Aufzeichnungen geben uns auch Aufschluss darüber, was für ein Mensch wir sind und warum bestimmte Eigenschaften und Merkmale in uns vorhanden sind. Wenn du zum Beispiel herausfinden willst, warum du dich ständig unglücklich fühlst, dann ist es einfach, eine Frage zu stellen wie: "Was ist in meinem früheren Leben passiert, das mich dazu gebracht hat, mich ständig unglücklich zu fühlen?" Die Aufzeichnungen zeigen uns, was für ein Mensch wir im Umgang mit unseren Gefühlen sind und wie unsere Gedanken unsere Stimmung beeinflussen.

Die persönlichen Aufzeichnungen können uns ein vollständiges Bild unseres Lebens vermitteln. Sie können uns zeigen, warum wir uns vor bestimmten Dingen in unserem Leben fürchten und was wir tun müssen, um die Person oder die Situation, vor der wir uns fürchten, zu bewältigen. Es ist leicht zu denken: "Ich bin nicht gut genug", aber es gibt einen Grund für diesen Glauben in uns. Wahrscheinlich hat er etwas mit einer Erfahrung zu tun, die wir im Leben gemacht haben - zum Beispiel, dass wir von jemandem ignoriert, zurückgewiesen oder schikaniert wurden. Die Akasha-Aufzeichnungen enthalten diese Informationen, um die Antwort darauf zu finden, warum wir uns so fühlen, wie wir uns fühlen.

Die Akasha-Aufzeichnungen sind ein Ort der absoluten Wahrheit und Ehrlichkeit darüber, wer du als Person bist und wie deine Gedanken dein Schicksal beeinflussen. Es ist leicht zu glauben, dass die Dinge, die in unserem Leben passieren, zufällig sind und nichts mit uns zu tun haben. Das ist jedoch nicht wahr, denn alles wird mit einem Zweck und einer Bedeutung durch die Akasha-Aufzeichnungen erschaffen.

Die Aufzeichnungen sollen dir helfen, dich selbst besser zu verstehen, um dein Leben und deine Beziehungen zu anderen zu verbessern. Du sollst die Aufzeichnungen als Spiegel benutzen und über deine Gedanken nachdenken, um zu sehen, warum sie in dir existieren.

Die Akasha-Chronik sagen uns, dass wir uns nicht dazu zwingen müssen, ständig positiv zu denken, denn Negativität ist keine schlechte Sache. Wenn wir in den Aufzeichnungen über unser Leben nachdenken, geht es nicht nur darum herauszufinden, was an uns richtig ist, sondern auch, was falsch ist. Der Zweck hinter der Negativität ist, uns zu demütigen und uns zu lehren, bessere Menschen zu sein. Negative Gedanken sind wie ein Spiegel, der uns zeigt, wer wir im Inneren sind - und das kann manchmal unglaublich schwer zu sehen sein.

Der spirituelle Zweck

Das spirituelle Ziel ist etwas, das wir größtenteils alle gemeinsam haben. Es ist das, was uns auf spiritueller Ebene miteinander verbindet und uns einen enormen Einblick geben kann, wenn es darum geht, unsere wahre Bestimmung im Leben zu finden. Die Akasha-Aufzeichnungen sind ein Ort der absoluten Wahrheit und Ehrlichkeit darüber, wer du als Mensch bist und wie deine Gedanken dein Schicksal beeinflussen. Es ist leicht zu glauben, dass die Dinge, die in unserem Leben passieren, zufällig sind und nichts mit uns zu tun haben. Das ist jedoch nicht wahr, denn alles wird mit einem Zweck und einer Bedeutung durch die Akasha-Aufzeichnungen erschaffen.

Eines der Hauptziele der Spiritualität ist es, authentisch und ohne Angst zu leben und uns selbst so zu akzeptieren, wie wir sind, einschließlich unserer Fehler. Die Aufzeichnungen sagen uns, dass unsere Aufgabe auf der Erde darin besteht, zu lernen und Erfahrungen zu sammeln, wozu auch das Überwinden von Herausforderungen gehört. Ein weiterer interessanter Grund, authentisch zu leben, ist der Umgang mit negativen Gedanken und Gefühlen aus vergangenen Leben. Die Akasha-Aufzeichnungen helfen uns zu verstehen, warum wir in diesem

Leben bestimmte Ängste und Überzeugungen haben, von denen wir vielleicht nicht einmal wissen.

Die Aufzeichnungen sagen uns, dass wir alle dazu bestimmt sind, spirituelle Wesen zu sein, die die Fähigkeit haben, höheres Wissen und Führung von unserem Höheren Selbst zu kanalisieren. Die Aufzeichnungen sind ein unglaublich mächtiges Werkzeug, um unseren Geist zu öffnen und uns als Menschen besser zu verstehen, denn sie ermöglichen es uns, über vergangene Leben nachzudenken, die uns beeinflussen, wer wir heute sind.

Der persönliche Zweck

Es gibt viele Wege, um deine Lebensaufgabe zu finden. Eine der beliebtesten sind die Akasha-Aufzeichnungen, eine Aufzeichnung aller Ereignisse, die jemals auf der Erde und im Himmel stattgefunden haben. Die Akasha-Aufzeichnungen enthalten alles Wissen, das du dir vorstellen kannst, denn sie sind nicht durch Zeit oder Raum begrenzt wie wir hier auf der Erde.

Menschen können Fragen über ihr Leben stellen und Antworten von ihrem Höheren Selbst erhalten, indem sie ihre Akasha-Aufzeichnungen öffnen. Die Akasha-Aufzeichnungen sind ein unglaubliches Werkzeug, um deine Lebensaufgabe zu finden, denn sie geben dir ein vollständiges Bild von allem, was dir bisher widerfahren ist.

Es liegt an dir, zu entscheiden, wie viele Informationen du sehen willst und was relevant ist. Dein Höheres Selbst wird dir nichts zeigen, was nicht auf irgendeine Weise wichtig oder bedeutsam ist. Wenn du deine Akasha-Aufzeichnungen öffnest, sehen die meisten Menschen ihr früheres und ihr jetziges Leben. Das ist bei jedem ein bisschen anders, aber die meisten Menschen schauen zunächst in die Vergangenheit. Es ist wie ein Blick durch eine gefilterte Linse, die dir alles in deinem Leben aus einer bestimmten Perspektive zeigt. Die Perspektive dieser Linse ist die deines Höheren Selbst und sie zeigt dir immer das, was dir hilft, spirituell zu wachsen und deine Seelenentwicklung voranzutreiben. Menschen sehen ihre vergangenen Leben, um zu erfahren, wie sie die Umstände ihres jetzigen Lebens erschaffen haben. Sie können auch herausfinden, welche Ereignisse aufgrund von Entscheidungen und Handlungen aus früheren und jetzigen Leben eingetreten sind.

Im Laufe unseres Lebens erleben wir viele verschiedene Situationen, in denen Liebe eine Rolle spielt, wie z.B. Verabredungen oder romantische Beziehungen. Das sind gute Beispiele dafür, wie wir Menschen erleben, die vielleicht schon einmal in unserem Leben waren. Diese Verbindungen ergeben oft keinen Sinn, bis wir die Punkte verbinden und entdecken, dass jemand ein früherer Geliebter oder Seelenverwandter ist. Es kann ein unglaubliches Gefühl sein, wenn du erkennst, dass die Person, mit der du jetzt Zeit verbringst, in einem anderen Leben dein Ehepartner war.

Wir können auch herausfinden, wer die Menschen sind, von denen wir in diesem Leben lernen sollen. Wenn eine Person aus irgendeinem Grund in unser Leben tritt, gibt es wahrscheinlich eine wichtige Lektion zu lernen, indem wir mit ihr zusammen sind. Es gibt vielleicht nicht immer eine direkte Beziehung zwischen jemandem, dem du dich nahe fühlst, und deinen früheren Leben, aber höchstwahrscheinlich gibt es eine wichtige Lektion, die darauf wartet, gelernt zu werden.

Es kann auch dabei helfen, zu erkennen, dass Ereignisse in deinem Leben durch vergangene Handlungen und

Entscheidungen verursacht wurden. Dinge passieren, und manchmal treffen wir schlechte Entscheidungen, die zu unglücklichen Umständen führen, mit denen wir im Moment nur schwer umgehen können. Wenn etwas Schlimmes passiert, ist es nicht immer deine Schuld. Auch wenn wir dazu neigen, uns selbst die Schuld zu geben, wenn etwas Schlimmes passiert, hilft es uns, die Verantwortung für unser Handeln zu übernehmen und weiterzugehen.

Die Betrachtung vergangener und gegenwärtiger Leben durch die Linse der Akasha-Rollen ist nützlich, weil sie den Menschen hilft, die Lektionen zu finden, die sie in diesem Leben lernen sollen. Wenn Menschen das Gesamtbild ihres Lebens und ihrer vergangenen Erfahrungen erkennen können, fällt es ihnen leichter, zu akzeptieren, was passiert ist, und zu verstehen, warum es passiert ist.

Die Akasha-Chronik geben dir eine neue Perspektive, die dem ganzen Chaos in deinem Leben einen Sinn gibt, damit du dich in eine positive Richtung bewegen kannst.

Der Zweck deiner persönlichen Aufzeichnungen ist es, dir zu zeigen, was die Akasha-Aufzeichnungen von dir als Person sind. Die Aufzeichnungen sind ein Ort der absoluten Wahrheit und Ehrlichkeit darüber, wer du als Person bist und wie deine Gedanken dein Schicksal beeinflussen. Es ist leicht zu glauben, dass die Dinge, die in unserem Leben passieren, zufällig sind und nichts mit uns zu tun haben. Das ist jedoch nicht wahr, denn alles wird mit einem Zweck und einer Bedeutung durch die Akasha-Aufzeichnungen erschaffen.

Die Aufzeichnungen sagen uns, dass wir alle dazu bestimmt sind, spirituelle Wesen zu sein, die die Fähigkeit haben, höheres

Wissen und Führung von unserem Höheren Selbst zu kanalisieren. Die Aufzeichnungen sind ein unglaublich mächtiges Werkzeug, um unseren Geist zu öffnen und uns als Menschen besser zu verstehen, denn sie ermöglichen es uns, über vergangene Leben nachzudenken, die uns beeinflussen, wer wir heute sind.

Die persönlichen Aufzeichnungen können uns ein vollständiges Bild unseres Lebens vermitteln. Sie können uns zeigen, warum wir uns vor bestimmten Dingen in unserem Leben fürchten und was wir tun müssen, um die Person oder die Situation, vor der wir uns fürchten, zu bewältigen. Es kann sein, dass du dich vor etwas fürchtest, weil du in einem früheren Leben von dieser Person oder jemand anderem verletzt wurdest.

Menschen nehmen ihre Erfahrungen mit anderen Menschen oft persönlich und leben in der Vergangenheit fest, ohne wirklich zu verstehen, warum sie so sind, wie sie sind. Die Akasha-Aufzeichnungen geben dir einen ehrlichen Blick auf dich selbst, damit du dir für vergangene Fehler vergeben kannst.

Die Aufzeichnungen zeigen dir, wie andere Menschen in deinem Leben die Erfahrung von Angst, Wut und Selbstmitleid erzeugen, die du gerade empfindest. Du kannst dieses Wissen nutzen, um dich als Person besser zu fühlen und nicht mehr so hart mit dir selbst ins Gericht zu gehen, weil du in der Vergangenheit Fehler gemacht hast oder dir Dinge passiert sind, die dir in der Vergangenheit passiert sind. Du kannst in deinem Leben vorankommen, ohne in der Vergangenheit festzustecken oder Angst davor zu haben, wie andere dich behandeln könnten. Die Aufzeichnungen bringen alle verborgenen Gefühle und Themen aus früheren Leben an die Oberfläche, die uns beeinflusst haben.

.

Kapitel 7. Akasha-Aufzeichnungen und spirituelle Heilung: Deine vergangenen Leben zur Heilung in der Gegenwart nutzen

Die Akasha-Aufzeichnungen enthalten die Blaupause für die Entwicklung jedes Einzelnen zu seinem höchsten Potenzial über zahlreiche Lebenszeiten hinweg, in denen er sowohl aus Erfolgen als auch aus Misserfolgen auf seinem Weg lernt. Alles über dich ist dort aufgezeichnet, einschließlich deines Karmas oder der Lektionen, die du lernen musst - der Grund, warum du heute hier bist! Der Heilungsprozess beginnt damit, dass wir uns mit diesen Energien verbinden, damit wir Muster loslassen können, die wir für unser Wachstum nicht mehr brauchen, und die Gaben zurückgewinnen, die vielleicht unterdrückt oder vergessen wurden.

Der Zugang zu den Akasha-Aufzeichnungen kann mit verschiedenen Techniken erfolgen, darunter Meditation, Rituale und Visualisierung. Du wirst lernen, wie du dich mit diesen Aufzeichnungen verbinden kannst und die vielen

Möglichkeiten erkunden, wie sie uns körperlich, emotional, geistig und spirituell heilen können.

GEISTIGES HEILEN

Geistiges Heilen ist eine der mächtigsten Methoden, um Veränderungen in deinem Leben zu bewirken. Es ist eine kraftvolle und transformative Erfahrung, die deinen Geist, Körper und deine Seele heilen kann. Wenn du Heilung brauchst, könnte Geistiges Heilen die Antwort sein, nach der du gesucht hast.

Du musst nicht spirituell oder religiös sein, um von dieser Energieheilungstechnik zu profitieren. Es gibt ganz bestimmte Techniken, mit denen du dich mit den Akasha-Rollen verbinden kannst. Wenn du diese Schritte einmal gemacht hast, ist es ganz einfach, Zugang zur Energieheilung zu finden und zu erforschen, wie sie dich geistig, emotional und körperlich heilen kann.

Spirituelle Heilung kann bei vielen Dingen helfen, z. B. bei der Verbesserung deiner Beziehungen, der Beseitigung von Phobien, der Heilung deines Körpers und sogar der Linderung von Krankheiten wie Krebs. Mit Hilfe der Akasha-Chronik kannst du deinen Körper auf einer spirituellen Ebene heilen. Du wirst herausfinden, warum du Heilung brauchst und wie du die Energie in dir selbst verändern kannst, die diese Muster festhält.

Geistige Heilung geschieht nicht über Nacht. Sie braucht Zeit und Engagement und verlangt von dir Hingabe!

Viele Menschen zögern beim Thema Geistiges Heilen, weil sie denken, dass es nur für "gute" Menschen ist. Das könnte nicht weiter von der Wahrheit entfernt sein! Jeder hat es verdient, ein

Leben ohne Schmerzen und voller Glück zu führen. Negative Gedanken, Gefühle und Emotionen können dazu führen, dass du in alten Gewohnheiten festhängst, die dir nicht mehr gut tun, aber diese Muster können geändert werden.

Spirituelles Heilen kann dir dabei helfen, dich mit deiner Spiritualität zu verbinden und dich für eine höhere Macht zu öffnen, ganz gleich, was das sein mag. Das ist eine Erfahrung, von der jeder profitieren kann.

Spirituelle Heilung und die Akasha-Aufzeichnungen

Es gibt viele verschiedene Möglichkeiten, auf deine vergangenen Leben zuzugreifen, darunter Meditation und Rituale. Du erfährst auch, wie wichtig Vergebung für dein spirituelles Wachstum ist und wie sie dir in diesem Leben helfen kann, zu heilen.

Geistiges Heilen und die Akasha-Rollen sind zwei sehr kraftvolle Heilmethoden, die je nach deinen Bedürfnissen zusammen oder getrennt eingesetzt werden können. Bei der Arbeit mit den Akasha-Aufzeichnungen kannst du Muster der Begrenzung auflösen und Gaben zurückgewinnen, die vielleicht unterdrückt oder vergessen wurden.

Die Akasha-Aufzeichnungen enthalten die Blaupause für deine spirituelle und körperliche Heilung und dafür, wie du die Menschen um dich herum heilen kannst. Wenn du etwas über frühere Leben erfährst, kannst du herausfinden, warum sich bestimmte Krankheiten in diesem Leben manifestiert haben. Außerdem lernst du, wie du Energiemuster verändern, dein inneres Gleichgewicht finden und dauerhafte Veränderungen herbeiführen kannst.

Wenn du bereit bist, dein Leben auf die kraftvollste Art und Weise zu verändern, können spirituelles Heilen und die Akasha-Rollen dich bei jedem Schritt begleiten!

VERSCHIEDENE WEGE DER SPIRITUELLEN HEILUNG DURCH DIE AKASHA-AUFZEICHNUNGEN

Mit ein wenig Zeit und Engagement kann sich jeder mit Hilfe seiner vergangenen Leben, die in den Akasha-Aufzeichnungen aufgezeichnet sind, selbst heilen.

Eine der vielen Möglichkeiten der spirituellen Heilung durch die Akasha-Rollen ist die Verbindung mit ihnen zur Selbsterkundung. So kannst du untersuchen, warum sich Krankheiten in diesem Leben manifestiert haben und wie du die Energiemuster in dir verändern kannst, die diese Muster aufrechterhalten.

Die andere Möglichkeit, sich mit Hilfe der Akasha-Aufzeichnungen zu heilen, besteht darin, sie für spirituelles Wachstum zu nutzen. Wenn du deine vergangenen Leben entdeckst und Muster der Begrenzung auflöst, kann dir das helfen, dein höchstes Potenzial zu erreichen. Die Akasha-Aufzeichnungen geben dir nicht nur Aufschluss über deine vergangenen Leben, sondern auch darüber, wie sie sich in diesem Leben manifestieren und warum Krankheiten aufgetaucht sind.

Deine vergangenen Leben nutzen, um in diesem Leben zu heilen

Wir sind heute hier, weil wir Lektionen zu lernen haben, die uns helfen, uns in diesem Leben zu verbessern. Unsere vergangenen Leben helfen uns, die Lektionen zu lernen, die wir brauchen, um spirituell, geistig und emotional zu wachsen. Die Akasha-Aufzeichnungen zeigen dir, welche Muster dich in alten Gewohnheiten festhalten, die dir nicht helfen.

Wenn du mit den Akasha-Aufzeichnungen arbeitest, kannst du diese negativen Energiemuster loslassen, indem du dir und anderen vergibst. Durch Vergebung kannst du den Schmerz, die Wut und den Groll, der mit diesen Mustern verbunden ist, loslassen, so dass du ohne die Last, die dich zurückhält, vorankommen kannst.

Wenn du denjenigen vergibst, die dich verletzt oder beleidigt haben, fließt deine Energie freier. Dadurch hast du eine bessere Chance, Liebe in dein Leben, in Freundschaften und sogar in deine Karriere zu ziehen. Vergebung hilft dir auch, alte Gewohnheiten loszulassen und die positiven, lebensbejahenden Veränderungen voranzutreiben, die du brauchst, um persönlich und spirituell stärker zu werden.

Es ist leicht, überwältigt zu werden, wenn man mit so vielen verschiedenen Dingen konfrontiert wird, die sich als spirituelle Heilung ausgeben, aber die Verbindung mit den Akasha-Aufzeichnungen ist das einzig Wahre. Es ist ein Heilungsprozess, den jeder lernen kann und an dem er viele Jahre lang Freude haben wird. Er wird dein Leben auf eine Art und Weise verändern, die du dir vielleicht nie vorgestellt hättest!

Die Akasha-Chronik für die Selbsterkundung nutzen

Es gibt viele Möglichkeiten, deine Energiemuster zu erforschen, z.B. durch Traumanalyse, Meditation und Visualisierung. Wenn du dich mit den Akasha-Chronikn verbindest, um diese Erkundung zu unterstützen, wirst du Antworten finden, die dir bisher verborgen geblieben sind. Du kannst auch mit Hilfe von Hellsehern, Medien und Beratern mit den Aufzeichnungen arbeiten, um nur einige zu nennen.

Um mit der Erkundung zu beginnen, kannst du dich durch Meditation oder Visualisierung mit deinen vergangenen Leben verbinden, um herauszufinden, warum bestimmte Dinge in diesen Leben geschehen sind, so dass sie dich heute nicht mehr beeinträchtigen.

Während dieser Meditation oder Visualisierung entdeckst du vielleicht, dass du mit negativen Energiemustern wie Alkohol- und Drogenmissbrauch, Krankheit, Depression oder körperlichen Beschwerden zu tun hattest. Das hilft dir zu verstehen, was die Krankheiten in diesem Leben verursacht hat, damit sie leichter aufgelöst werden können.

Um diese Energiemuster zu heilen, ist es hilfreich, dich mit den Aufzeichnungen zu verbinden, damit du die Lektionen aus vergangenen Leben erkennen kannst. Dann vergib dir selbst und anderen, damit diese Muster losgelassen werden können und deine Energie wieder frei fließen kann! So kannst du mit positiven, lebensbejahenden Veränderungen vorankommen und dein höchstes Potenzial erreichen.

Im Laufe der Zeit wirst du verstehen, was in deinem Energiefeld passiert und warum bestimmte Krankheiten, Beziehungen oder Karrieren auftauchen. Du wirst auch deine Muster besser verstehen, damit du die positiven Veränderungen vorantreiben kannst, die du brauchst, um persönlich und spirituell stärker zu werden!

Die Akasha-Chronik als spirituelle Wegweiser

Es ist ein Mythos, dass nur hochintelligente Menschen kreativ sind. Tatsächlich zeigt die Forschung, dass man ab einem IQ von etwa 120, der nur wenig über dem Durchschnitt liegt, kreativ sein kann. Auch wenn intelligente Menschen einen kleinen Vorteil haben, ist Intelligenz keine Voraussetzung für Kreativität. Das heißt, auch wenn du nicht schlauer bist als die meisten Menschen, hast du das Potenzial, erstaunliche kreative Fähigkeiten zu entwickeln.

Warum sind dann so wenige Menschen hoch kreativ? Weil es schlechte Angewohnheiten gibt, die man sich im Laufe des Heranwachsens aneignet und die die kreativen Bahnen im Gehirn unterdrücken. Und wie alle schlechten Angewohnheiten können sie durchbrochen werden, wenn du bereit bist, daran zu arbeiten.

Die Akasha-Chronik sind hier eine große Hilfe, denn sie zeigen dir, warum diese schlechten Gewohnheiten überhaupt erst entstanden sind, sodass du sie aus deinem Gehirn löschen und deiner Kreativität freien Lauf lassen kannst.

Ich spreche hier nicht nur von sinnlosen Tagträumen oder Kritzeln auf einer Serviette. Ich spreche von einer wirklich kreativen Arbeit, die die Zeit überdauern wird.

So funktioniert es. Zuerst musst du lernen, dich in einen tiefen meditativen Zustand zu versetzen, was jeder kann, wenn er es einmal gelernt hat. Schließlich haben wir das schon als Kinder gemacht, bevor unsere Eltern uns gesagt haben, dass wir unsere Zeit nicht mit solchem Unsinn verschwenden sollen.

Während du in diesem tiefen meditativen Zustand bist, stell dir vor, dass du über der Welt schwebst und auf sie herabschaust. So sehen wir die Akasha-Chronik: als eine riesige Bibliothek, die jedes geschriebene Buch, jeden gedrehten Film, jedes gesungene Lied und jedes jemals gespielte Musikstück enthält. Auf diese Weise finden wir auch ein bestimmtes Buch oder eine Episode in einem Film oder Lied.

Wenn du das Buch, den Film oder das Lied gefunden hast, nach dem du suchst, geh hinein und lies die erste Seite. Du wirst entdecken, warum bestimmte kreative Wünsche in diesem Leben in dein Gehirn programmiert wurden, damit du sie selbst erleben kannst, um auf dem spirituellen Weg voranzukommen.

Wenn du dir unbewusste Fehler verzeihst und dir vornimmst, sie in diesem Leben nicht zu wiederholen, werden deine kreativen Bahnen frei, um das zu tun, wofür sie da sind: schöne Kunstwerke zu schaffen, die das Leben bereichern und Brücken zwischen Menschen bauen.

Wenn du unapologetisch kreativ sein willst, dann stelle dir diese Frage: "Warum bin ich hier?" Und stelle sicher, dass es nicht nur darum geht, Geld zu verdienen oder berühmt zu werden. Das sind gängige Ziele, aber sie führen dich nicht auf den spirituellen Weg, der zu Selbstverwirklichung und tiefer Zufriedenheit im Leben führt.

Der Sinn des Lebens besteht nicht darin, glücklich zu sein, sondern darin, das zu lieben, was man tut. Und ich glaube fest daran, dass die Welt ein viel besserer Ort werden würde, wenn wir alle unsere Kreativität in das Schreiben, Malen und Musizieren für andere stecken würden.

Wenn du dich verwirrt fühlst, was deine Rolle auf diesem Planeten angeht, oder wenn du es leid bist, dich wie ein Hamster im Rad zu fühlen, der materiellen Zielen hinterherjagt, die nie genug zu sein scheinen, können dir die Akasha-Aufzeichnungen helfen. Sie sind deine Verbindung zu höheren Bewusstseinsebenen, wo du innere Führung darüber erhalten kannst, was sich in deinem Leben ändern muss, damit du aufhörst, die gleichen Fehler zu wiederholen, und anfängst, auf dem spirituellen Weg echte Fortschritte zu machen.

Die Akasha-Aufzeichnungen sind eine Reihe von Lehren, die die Blaupause dafür enthalten, was jeder Einzelne erreichen und sich weiterentwickeln kann. Diese Aufzeichnungen enthalten unser gesamtes Leben, einschließlich des Karmas oder der Lektionen, die wir lernen müssen - der Grund, warum wir heute hier sind! Der Heilungsprozess beginnt damit, sich mit diesen Energien zu verbinden, damit unerwünschte Muster, aber auch Geschenke freigesetzt werden können, um das durch Unterdrückung oder Vergessen verlorene Potenzial zurückzugewinnen.

Die Akasha-Aufzeichnungen sind nicht tief in einer Bibliothek vergraben, denn sie sind so umfangreich, dass du ein Leben lang brauchen würdest, um das zu finden, was du suchst. Manche Menschen raten dazu, diese Energien durch Meditation anzuzapfen und dann vor deinem geistigen Auge zu suchen; das kann aber auch nicht der effektivste Weg sein. Andere schlagen vor, dass du das, was du suchst, am einfachsten findest, wenn du dich fragst: "Was ist die Lektion, die ich hier lernen soll?"

Du magst ein sehr spiritueller und aufgeschlossener Mensch sein, der die Lehren vergangener Leben gerne in sein Leben aufnimmt, aber was ist mit deiner Familie, deinen Freunden oder Arbeitskollegen? Diese Fragen können einem Menschen in den Sinn kommen, bevor er seine Reise beginnt: "Hat das jeder?", "Welche Auswirkungen wird das auf die Menschen um mich herum haben?", "Wie viele vergangene Leben habe ich gehabt?" und "Sind meine Erfahrungen real oder nur meine Einbildung?".

Wenn du deine eigenen Lebenserfahrungen und die Gefühle, die sie in einem bestimmten Leben umgeben, nutzt, kannst du deine Lektion schnell und effektiv entdecken, denn jedes Ereignis ist in unseren Akasha-Aufzeichnungen mit einem bestimmten Gefühl verbunden.

Kapitel 8. Türen öffnen und zwischen den Welten wandeln: Verbinde dich mit deinen Akasha-Aufzeichnungen

Ein Akasha-Leser oder eine Akasha-Leserin betritt das so genannte Akasha-Reich, wo er oder sie auf diese Erinnerungen zugreifen und sie wie Bücher in Regalen lesen kann, mit Titeln wie Lesungen aus vergangenen Leben, Karma-Lesungen, Seelenvertragslesungen usw. Das ist kein Ort, an den sich jemand ohne Ausbildung wagen sollte, weil er sehr gefährlich sein kann. Sie müssen wissen, wie sie sich vor den Energien schützen können, die dort herrschen. Es ist buchstäblich so, als würde man eine spirituelle Bibliothek betreten, in der sich Bücher in Regalen und auf Tischen stapeln, ohne dass ein Bibliothekar anwesend ist. Die Menschen hören oft Dinge in ihrem Kopf, als ob jemand flüstert, aber sie sind sich nicht sicher, woher es kommt, worum es geht oder ob sie darauf hören sollen. Es kann auch sein, dass sie sich in eine bestimmte Richtung gezogen fühlen und nicht wissen, was sie ruft, aber den starken Wunsch haben, dorthin zu gehen. Das ist das Akasha-Reich, das versucht, sie in seinen Raum zu ziehen, in dem sich all diese Energiesignaturen befinden und auf jeden gerichtet sind, der ihn betritt. Ein geübter Leser weiß, wie er sie vermeiden und sich vor ihnen abschirmen kann, um sein Reading durchzuführen. Wenn sie diese Fähigkeiten nicht entwickelt haben, werden sie krank und sind weniger effektiv bei ihren Lesungen, weil die Energien dieses Bereichs sie stören. Erinnere dich daran, dass es dort keine Zeit gibt wie hier in der physischen Realität. Man kann also buchstäblich in sein eigenes vergangenes Leben zurückgehen, und zwar genau zu dem Datum und der Zeit, über die man etwas lesen möchte.

TEIL 1 FOKUSSIERUNG DEINER SUCHE

Erstelle deine Vereinbarungen, die dir dabei helfen, deinen Zugang zu den Akasha-Rollen zu erhalten. Wenn du keine Struktur dafür schaffst, wie du Informationen erhalten willst, ist es für jeden, der eine Akasha-Lesung durchführt, schwierig, deine Absicht zu verstehen. Das kann zu unnötiger Verwirrung und Frustration führen. Nimm dir ein paar Minuten Zeit, bevor du dich in den meditativen Zustand begibst, und schreibe auf, was du dir von der Sitzung erhoffst. Scheue dich nicht, deine Fragen zu detailliert oder spezifisch zu formulieren, denn das ist eine Möglichkeit, bestimmte Blockaden, Lektionen und Ängste in Bezug auf dein früheres Leben zu erkennen. Wenn du einen Kugelschreiber oder Bleistift benutzt, achte darauf, dass du permanente Tinte verwendest.

BESTIMME DEINE ABSICHTEN FÜR DEN ZUGANG ZU DEN AKASHA-ROLLEN.

Überlege dir, warum du deine Akasha-Aufzeichnungen öffnen willst und welche Art von Wissen du suchst. Du kannst auch deine Geistführer bitten, dir zu helfen, das Wissen einzugrenzen, das relevant ist. Wie viele Informationen willst du haben? Was wirst du mit den Informationen tun, wenn du sie erhalten hast? Welche Erwartungen hast du an diese Erfahrung? Gibt es irgendwelche Blockaden oder Ängste, die auftauchen und das Ergebnis der Sitzung beeinflussen könnten? Diese Fragen sind wichtig, denn sie helfen dabei, eine Absicht zu entwickeln, die für den Zugang zu den Akasha-Rollen unerlässlich ist. Schreibe deine Absichten auf.

Schreibe konkrete Fragen zu deinem vergangenen Leben auf.

Wenn du Informationen über ein bestimmtes vergangenes Leben suchst, hilft es dir, deine Suche einzugrenzen, indem du Fragen zu diesem Leben aufschreibst. Denke daran, dass die Akasha-Rollen alle Informationen über deine spirituelle Reise enthalten und nicht nur einen bestimmten Bereich.

Stelle Fragen, die dir helfen können, dein jetziges Leben zu entscheiden.

Stelle Fragen zu den Lektionen, Blockaden und der Heilung in deinem jetzigen Leben. Was ist das Ziel deiner Seele? Welche Ängste halten dich vom Erreichen dieses Ziels ab? Was kannst du tun, um diese Blockaden zu beseitigen, damit du mehr Fülle in deinem Leben erhältst? Schreibe eine Affirmation auf, die sich auf vergangenes oder aktuelles Lebenswissen bezieht und mit dir in Resonanz steht. Affirmationen sind positive Aussagen, die dabei helfen, das von dir gewünschte Wissen zu manifestieren.

VERSUCHE, EINE FRAGE NACH DER ANDEREN ZU STELLEN, UM DICH BESSER KONZENTRIEREN ZU KÖNNEN.

Wenn du zu viele Fragen hast, um sie in einer Sitzung zu stellen, versuche, sie in kleinere Abschnitte aufzuteilen und jede Frage einzeln zu stellen. Wenn du Informationen über ein vergangenes Leben erhalten möchtest, kannst du eine Liste mit Fragen erstellen, die sich auf bestimmte Dinge oder Ereignisse beziehen, die in diesem Leben passiert sind. Anhand dieser Fragen kannst du dich durch den Ablauf der Sitzung leiten lassen. Wenn du mehrere Fragen hast, ist es hilfreich, sie zu nummerieren, damit du sie während der Sitzung leicht wiedererkennen und aufzeichnen kannst.

TEIL 2 IN EINEN AUFNAHMEFÄHIGEN ZUSTAND EINTRETEN

Die Visualisierung dient dazu, den Geist und den Körper auf einen meditativen Zustand vorzubereiten, der den Zugang zu den Akasha-Rollen ermöglicht. In diesem Abschnitt erfährst du, wie wichtig es ist, deinen Geistführer oder deine geistigen Begleiter zu visualisieren, damit sie dir bei der Reise in das Akasha-Reich helfen können. Die Visualisierung hilft dir auch, tiefer in den meditativen Zustand einzutauchen und kann nach der Sitzung zur Erdung genutzt werden.

Du kannst deine Geistführer segnen, damit sie dir bei der Sitzung helfen, und sie um ihre Erlaubnis bitten, fortzufahren. Wenn du deinen Geistführern erlaubst, dir beim Zugriff auf die Akasha-Rollen zu helfen, erhältst du die wichtigsten Informationen und Hinweise für deine aktuellen Lebensfragen.

Kläre alle negativen Energien in deinem System, bevor die Sitzung beginnt.

Wir empfehlen dir, deine Wohnung oder den Raum, in dem du meditieren wirst, von Unordnung und ablenkenden Dingen zu befreien. Um negative Energie zu beseitigen, kannst du etwas Salbei verbrennen oder eine Sprühflasche mit Wasser und ein paar Tropfen ätherischem Rosmarinöl verwenden, um dich mit einem Energie-Reinigungsschild zu umgeben, bevor du deine Akasha-Sitzung beginnst.

Sprich dein Anliegen oder deine Frage laut aus und bitte um Führung.

Bevor du die Akasha-Chronik aufrufst, ist es hilfreich, dir eine Absicht zu setzen. Wenn du deine Absicht laut aussprichst, bist du empfänglicher für die Informationen, die du suchst. Nenne die höchsten und besten Potenziale deiner Seele, indem du nach Lektionen aus einem früheren Leben oder nach Ängsten aus deinem jetzigen Leben fragst, die du loslassen und hinter dir lassen möchtest. Dies ist eine wunderbare Methode, um das Unterbewusstsein von Zweifeln oder Ängsten zu befreien, die dich vielleicht daran hindern, auf deinem Lebensweg voranzukommen.

Setze oder lege dich an einen bequemen, ruhigen Ort.

Setze oder lege dich an einen bequemen, ruhigen Ort, an dem du nicht gestört wirst. Du kannst auch im Schneidersitz oder auf dem Bett sitzen und dich mit Kissen und Decken abstützen, um es bequem zu haben. Achte darauf, dass du während der Sitzung keine Ablenkungen hast, damit du dich ausschließlich auf die Informationen aus deinen Akasha-Aufzeichnungen konzentrieren kannst.

Nimm eine für dich bequeme Position zum Meditieren ein.

Schließe deine Augen und atme einige Male tief ein oder mache eine leichte körperliche Übung, wie z.B. um den Block laufen, um in einen Alpha-Gehirnwellenzustand zu gelangen und jeglichen Stress in deinem System abzubauen, bevor du versuchst, Informationen aus den Akasha-Rollen abzurufen.

Schaffe einen heiligen Raum für dich.

Indem du Raum und Heiligkeit schaffst, gibst du dem Moment, in dem du diese Informationen aus den Akasha-Rollen empfängst, Raum und Ehre. Das hilft dir, während der Sitzung in einen aufnahmefähigeren Zustand zu kommen, denn es zeigt, dass du das, was geschieht, respektierst.

Öffne die Tür mit dem Gebet des Weges.

Du kannst dieses Gebet benutzen, um die Tür zwischen den Welten zu öffnen. Es ist eine gute Möglichkeit, deine Reise zu beginnen, indem du deine Energie mit den höheren Welten in Einklang bringst und dich darauf vorbereitest, Informationen aus den Akasha-Rollen zu erhalten. Du kannst dein eigenes Gebet machen oder das folgende Pathway Prayer von Linda Howe verwenden:

Eröffnungsgebet

1. Und so erkennen wir die Mächte des Lichts an
2. Bitten um Führung, Leitung und Mut, die Wahrheit zu erkennen
3. Da es zu unserem höchsten Wohl und dem höchsten Wohl der
4. Jeder, der mit uns verbunden ist.
5. Oh, Heiliger Geist Gottes,
6. Schütze mich vor allen Formen der Selbstbezogenheit
7. Und lenke meine Aufmerksamkeit auf die anstehende Arbeit.
8. Hilf mir, (mich) im Licht der Akasha-Aufzeichnungen zu erkennen,
9. Mich selbst durch die Augen der Herren der Rekorde zu sehen,
10. Und befähige mich, die Weisheit und das Mitgefühl zu teilen, das die Meister, Lehrer und Geliebten von (mir) für (mich) haben.
11. Die Aufzeichnungen sind jetzt geöffnet.

Sprich die Zeilen 1-10 des Eröffnungsgebets laut. Wiederhole die Zeilen 8-10 noch zwei weitere Male leise und benutze dabei deinen aktuellen gesetzlichen Namen. Kündige die Eröffnung der Aufzeichnungen an, indem du Zeile 11 laut sagst.

Meditiere über deine Frage, während du tief entspannt bist.

Meditiere über deine Frage, bis du eine Blockade oder einen Widerstand spürst. Das Erste, was dir in den Sinn kommt, ist in der Regel auch die erste Antwort, die dir in den Sinn kommt. Höre auf dieses innere Wissen, auch wenn es dir nicht logisch erscheint. Das liegt daran, dass du auf Informationen aus den Akasha-Rollen zugreifst, die dir Antworten geben, die nicht auf deiner aktuellen Realität basieren, sondern darauf, wie sie dir am besten dienen. Die Akasha-Chronik sind wie das Gewebe des Lebens und enthalten daher alle möglichen Antworten auf jede Frage, die du stellen kannst.

Bitte darum, Zugang zu den Akasha-Rollen zu erhalten.

Wenn du fünf Minuten oder länger meditiert hast, bitte um die Erlaubnis, in die Akasha-Rollen einzutreten. Du kannst dies tun, indem du sagst: "Ich bitte um die Erlaubnis, Zugang zu den Informationen zu erhalten, die im Gewebe des Lebens, den Akasha-Chronikn, gespeichert sind. Ich habe eine Frage, über die ich gerne mehr erfahren möchte, und bitte um Unterstützung bei meiner Suche." Dann entspanne dich einfach.

Wenn du dich entspannt fühlst, wirst du in der Lage sein, Informationen aus den Akasha-Chronikn abzurufen. In deiner Sitzung kannst du verschiedene Dinge fühlen, z. B.:

- Friedliche Energie um dich herum
- Eine Energiepräsenz in deiner Nähe oder direkt vor dir
- Ein Gefühl des Aufsteigens in ein anderes Reich
- Emotionale Verschiebungen in dir

- Desorientierung
- Visionen vergangener Leben, vielleicht mit einem starken Gefühl, in diesem Leben oder Körper zu sein und Gefühle, Sinne, Gerüche, Geräusche, Anblicke wieder zu erleben
- Ein Wiederauftauchen in die physische Form nach einer außerkörperlichen Erfahrung
- Ein Gefühl der Beruhigung, wenn du in diesem Reich der Akasha-Rollen ankommst
- Das Gefühl, von anderen umgeben zu sein, vielleicht von der Familie oder von Guides, die dir bei deiner Sitzung helfen

WARTE AUF INFORMATIONEN, DIE IN DEIN BEWUSSTSEIN KOMMEN.

Wenn du dich entspannt und bereit fühlst, stellst du deine Frage laut oder denkst sie leise in deinem Kopf. Gib dir etwa 10 Sekunden Zeit, um eine Antwort zu erhalten, die dir in den Sinn kommt. Lass dich nicht von Zweifeln oder Ängsten davon abhalten, eine Antwort zu erhalten.

Stell dich vor und wiederhole deine Frage bei jedem, dem du begegnest.
Wenn du diese Antwort erhalten hast, stellst du deine Frage erneut und wartest auf die nächste Information, die dir in den Sinn kommt. Manchmal ist es ein Bild oder ein paar Worte. Schreibe sie so schnell wie möglich auf. Frage nach einem Satz über das, was du gerade erhalten hast, oder frage nach mehr Details zu dem, was du gerade aufgezeichnet hast.

Frage nach einem weiteren Satz oder zwei und schreibe ihn auf. Setze diesen Prozess mit jeder Antwort fort, die in dein Bewusstsein kommt, bis du das Gefühl hast, dass die Sitzung abgeschlossen ist. Es kann sein, dass du die Antworten in einer Reihe von kurzen Sätzen statt in einem langen Absatz erhältst, was genauso wertvoll sein kann, wenn nicht sogar noch wertvoller. Manchmal sind die Antworten nicht intellektuell. Schreibe auf, was du erhalten hast, und versuche dann, es nach der Sitzung zu verstehen. Vielleicht stellst du sogar fest, dass dir nichts mehr einfällt, egal wie sehr du dich bemühst, etwas zu verstehen oder deine Erfahrung in Worte zu fassen, oder dass dir die Dinge immer noch nicht klar erscheinen. Das ist in Ordnung und ganz natürlich. Vielleicht musst du einfach auf weitere Informationen warten oder die Erfahrung auf andere Weise integrieren, z. B. indem du deine Intuition mit den neuen Informationen, die in dein Leben getreten sind, nutzt.

Verlasse das Akasha-Reich mit einem Schlussgebet.
Wenn du eine natürliche Veränderung spürst, wie z.B. die Rückkehr deines Bewusstseins in die physische Welt, oder wenn du das Gefühl hast, dass es Zeit ist, diese Erfahrung zu beenden, verabschiede dich von allen Führern und Helfern, die bei dir sind. Danke ihnen für ihre Hilfe und Führung. Ziehe in Erwägung, die Sitzung mit Dankbarkeit zu beenden. Lies das Abschlussgebet laut vor.

Abschlussgebet

Ich möchte mich bei den Meistern, Lehrern und geliebten Menschen für ihre Liebe und ihr Mitgefühl bedanken.
Ich möchte den Herren der Akasha-Chronik für ihre Sicht der Dinge danken.
Und ich möchte dem Heiligen Geist des Lichts für alles Wissen und alle Heilung danken.
Die Aufzeichnungen sind jetzt geschlossen. Amen.
Die Aufzeichnungen sind jetzt geschlossen. Amen.
Die Aufzeichnungen sind jetzt geschlossen. Amen.

TEIL 3 INTERPRETATION DER ERGEBNISSE

Nach der Erfahrung solltest du dein Erlebnis nun verarbeiten und die neuen Informationen integrieren. Vielleicht möchtest du ein Tagebuch führen oder aufschreiben, was du erlebt, gefühlt und gehört hast. Einigen fällt es leicht, alles aufzuschreiben, was sie während der Sitzung erfahren haben. Andere brauchen nach der Sitzung mehr Zeit, um ihre Gedanken zu ordnen und das, was sie aus den Akasha-Rollen gelernt haben, zu integrieren. Schreibe alles auf, was in dein Bewusstsein kommt.

ÖFFNE DEINE AUGEN UND ORIENTIERE DICH NEU AN DEINER UMGEBUNG.

Wenn deine Sitzung beendet ist, kommst du zurück in die physische Welt. Öffne deine Augen und atme tief ein. Bedanke dich bei allen, denen du während dieses Prozesses begegnet bist, für die Unterstützung, die sie dir bei deiner Suche gegeben haben. Gib dir Zeit, dich darauf einzustellen, bevor du Entscheidungen über das triffst, was du durch den Zugriff auf die Akasha-Rollen erfahren hast. Deine Antworten werden immer dann am nützlichsten sein, wenn du sie auf dein aktuelles Leben anwendest und nicht als mystisches Konzept.

DENKE ÜBER DIE ERFAHRUNG NACH, NACHDEM DU DEINE MEDITATION BEENDET HAST.

Wenn du bereit bist, schreibe auf, was du über deine Frage erfahren hast. Geh ein paar Mal zurück, bis dir die Informationen wieder klar vor Augen stehen. Wende dieses Wissen dann mindestens drei Monate lang in deinem Leben an, bevor du entscheidest, ob du dich dadurch besser (oder schlechter) fühlst.

Schreibe auf, was du während deiner Erfahrung mit den Akasha-Chronikn gelernt hast, falls es dir zu einem späteren Zeitpunkt hilfreich sein sollte. Sei dir bewusst, dass diese Informationen dir helfen werden, auch wenn es sich auf den ersten Blick nicht so anfühlt. Es kann ein paar Tage oder Wochen dauern, bis du ihre Auswirkungen in deinem Leben spürst.

WIEDERHOLE DEN PROZESS REGELMÄẞIG, UM IMMER MEHR ZU LERNEN.

Wenn du dich mit den Informationen nicht wohl fühlst, bitte darum, dass eine neue Sitzung durchgeführt und die Akasha-Aufzeichnungen auf deinen Wunsch hin aktualisiert werden. Wenn du mit den Ergebnissen zufrieden bist, wiederhole deine Frage, um noch mehr zu erfahren.

Gelegentlich wirst du feststellen, dass eine Antwort nicht vollständig ist und eine Folgesitzung durchgeführt werden muss. Das ist normal, wenn du auf Informationen in den Akasha-Rollen zugreifst.

SEI EHRLICH MIT DEM, WAS DU DENKST UND FÜHLST.

Die Akasha-Chronik werden dir eine Antwort auf deine Frage geben, aber sie ist vielleicht nicht das, was dein Verstand erwartet oder was dein Ego hören will. Wenn das der Fall ist, akzeptiere die Information nicht als Wahrheit, bis du sie auf eine Weise verarbeitet hast, die sich für dich natürlich anfühlt.

Denke daran, dass es keine falschen Antworten gibt, wenn es um die Akasha-Aufzeichnungen geht. Was du erhalten hast, ist wahrscheinlich in deinem Leben anwendbar oder wird dir zu einem späteren Zeitpunkt nützlich sein, also vertraue auf das, was du bei diesem Prozess entdeckst, und behalte es für die Zukunft bei dir.

Wenn du mit den Informationen, die du beim Zugriff auf die Akasha-Rollen erhalten hast, nicht einverstanden bist, solltest du nichts unternehmen, bis mindestens drei Monate vergangen sind. Wenn sich deine Antwort immer noch falsch anfühlt, musst du vielleicht eine neue Sitzung beantragen oder deine Frage neu formulieren.

Es ist möglich, dass du Informationen erhältst, mit denen du nicht in Einklang leben kannst. Das kann zu Verwirrung oder sogar Wut führen. Wenn das passiert, schreibe die Emotionen auf, die du fühlst, und lass sie dann los. Bleibe offen für alles, was du von den Akasha-Rollen erhältst, auch wenn es nicht zu deinen derzeitigen Überzeugungen passt.

Es wird dringend empfohlen, vor und während der Akasha-Sitzung um Hilfe zu bitten. Du wirst feststellen, dass die Anwesenheit anderer in einer Gruppe dir helfen kann, dich besser zu konzentrieren und zu entspannen, während du auf die Aufzeichnungen zugreifst. Wenn du das Gefühl hast, dass dies das Richtige für dich ist, bitte einen Freund oder eine Freundin, mit dir zu meditieren, oder rufe jemanden an, von dem du glaubst, dass er oder sie dir positive Energie gibt, während du dich mit den Akasha-Aufzeichnungen verbindest.

Du kannst deine Erfahrungen gerne mit anderen teilen, die daran interessiert sein könnten.

Alle Erfahrungen sind gleichermaßen gültig und wertvoll. Alles, was zählt, ist, dass du ein Gefühl des Friedens empfindest.

Wenn du noch nie die Kraft deiner Akasha-Aufzeichnungen angezapft hast, kann es dir überwältigend vorkommen, zu wissen wie. Es kann ein paar Versuche oder mehrere Sitzungen dauern, bis du in deinen Meditationssitzungen erfolgreich mit deinen Akasha-Chronikn in Verbindung treten kannst, aber wenn dich das interessiert, sollten wir dranbleiben! Der beste Weg, etwas über die Welt um uns herum zu lernen, ist, zu forschen und Dinge auszuprobieren. Sei also aufgeschlossen, wenn du dich über diese Themen informierst, und zögere nicht, neue Dinge auszuprobieren!

.

Kapitel 9. Die Akasha-Aufzeichnungen für andere öffnen: Erleuchtung an deinen Fingerspitzen

In den vorangegangenen Kapiteln dieses Buches ging es darum, wie du deinen Akasha-Datensatz öffnen und deine eigenen Erfahrungen aus vergangenen Leben abrufen kannst, um die Erleuchtung zu erlangen. Aber was ist, wenn jemand anderes seine Lebenslektionen sehen möchte und sich nicht selbst die Arbeit machen will, ein vergangenes Leben zu öffnen? Gibt es einen Weg, wie du als jemand, der an die Reinkarnation glaubt, ihnen helfen kannst, Antworten zu finden, ohne sie zu zwingen, selbst zu suchen, oder ohne dich auf etwas einzulassen, das ihnen möglicherweise schaden könnte? Die Antwort lautet: Ja. Und es ist ein einfaches Ja, nicht zu verwechseln mit einem übermäßig komplizierten, das dir harte Arbeit und Opfer abverlangt.

Das Öffnen der Akasha-Rollen für andere ist eine Dienstleistung, die Menschen dabei helfen kann, bessere Entscheidungen in ihrem Leben zu treffen. Es ist auch eine erleuchtende Erfahrung, die dir hilft, dich für deine Schöpferkraft zu öffnen. Wir erkunden, was das Öffnen der Akasha-Rollen bedeutet und wie es für diejenigen, die es ausprobieren wollen, von Nutzen sein kann. Wir werden auch einige der gängigen Annahmen über das Öffnen der Akasha-Rollen für andere diskutieren. So weißt du, worauf du dich einlässt, bevor du dich entscheidest, ob es sich lohnt, die Akasha-Rollen weiter zu erforschen. Der Klarheit halber wird im Folgenden der Begriff "Bittsteller" für die Person verwendet, die dich bittet, ihre Akasha-Aufzeichnungen für sie zu öffnen.

Weitere Dinge, die du beachten solltest, wenn du die Akasha-Chronik für andere öffnest:

Das Einholen der Zustimmung ist notwendig und wichtig.

Vielleicht fühlst du dich dazu berufen, diesen Dienst für eine bestimmte Person zu tun, aber bevor du eine Lesung durchführst, solltest du sicherstellen, dass du die Zustimmung des Antragstellers hast. Es ist deine moralische und ethische Pflicht, die anfragende Person zu fragen, ob sie mit einer Akasha-Lesung einverstanden ist und wie sie ihre Informationen mit dir teilen möchte.

Die meisten Anfragenden werden dir wahrscheinlich gerne ihre Zustimmung geben, um die Heilung zu honorieren, die sie sich von dir erhofft haben. Wenn du die Akasha-Rollen für andere öffnest, vertrauen die Anfragenden nicht nur auf deine ethischen und moralischen Werte, sondern geben dir auch die Möglichkeit, dein Wissen als Heiler/in zu erweitern und ihnen so einen noch mächtigeren Dienst zu erweisen.

Wichtig ist auch, dass du auf deine ethischen und moralischen Werte achtest, wenn du die Akasha-Chronik für andere öffnest, denn du fühlst dich vielleicht dazu berufen, dein Wissen mit anderen Heilern oder Beratern zu teilen. Achte darauf, dass deine Entscheidung in dieser Hinsicht gut durchdacht ist, bevor du Verpflichtungen eingehst.

VERTRAULICHKEIT IST VON GRÖẞTER BEDEUTUNG.

Einige der Anfragenden sind vielleicht bereit, dass du ihre Informationen an andere vertrauenswürdige Heiler oder Berater weitergibst, und das ist völlig in Ordnung. Wenn sie jedoch nicht wollen, dass ihre Informationen an andere weitergegeben werden, keine schriftlichen Notizen über sie machen wollen und keine Aufzeichnung der Lesung wünschen (auch keine Audioaufnahmen), solltest du ihre Wünsche respektieren. Sprich nach der Lesung mit ihnen darüber und lass sie wissen, ob du ihre Wünsche in dieser Hinsicht respektieren kannst.

STELLE DIE INFORMATIONEN, DIE DU ERHALTEN HAST, KURZ UND BÜNDIG DAR.

Du hast vielleicht das Gefühl, dass einige der Informationen, die du siehst, eine direkte Ursache-Wirkungs-Beziehung haben, aber sei dir bewusst, dass es am besten ist, wenn du deinen Anfragenden mit einer nicht wertenden Sprache präsentierst, wenn du darüber sprichst, was du in ihren Akasha-Aufzeichnungen gesehen hast. Es wäre klug, Worte wie "es sieht so aus" oder "du hast es erlebt" zu verwenden, anstatt "das ist der Grund dafür".

Du solltest auch Aussagen wie "du hast" oder "du bist" vermeiden, denn das hat einen negativen Beigeschmack, als würdest du deinen Bittsteller abstempeln. Versuche stattdessen zu sagen: "Es sieht so aus, als hättest du X in deinem früheren Leben oder deiner Inkarnation erlebt (oder gehabt)." Außerdem solltest du bedenken, dass einige deiner Anfrager/innen negativ reagieren könnten, wenn du etwas aus ihrer Vergangenheit erwähnst. Vermeide dies so weit wie möglich, indem du einfach sagst, was du gesehen hast, ohne es zu benennen oder für den Anfragenden in Worte zu fassen.

Bereite dich auf alle Emotionen vor, die während der Lesung auftauchen.

Es ist normal, dass du dich unwohl fühlst, wenn du bestimmte Fragen und Themen ansprichst. Wenn du dich unwohl fühlst mit dem, was dir die Akasha-Aufzeichnungen über deinen Anfrager zeigen, lass es ihn wissen, damit er verstehen kann, woher es kommt. Wenn während der Sitzung starke Emotionen auftauchen, bleibe in einem Raum, in dem du nicht urteilst, und erkenne, dass diese Gefühle sowohl von dir als auch von dem/der Anfragenden kommen.

Minderjährige sind leicht zu beeinflussen.

Wenn dein/e Anfragesteller/in minderjährig oder kaum erwachsen ist, solltest du bedenken, dass er/sie vielleicht noch nicht genug Selbstbewusstsein hat, um zu verstehen, was in seinem/ihrem früheren Leben wirklich passiert ist. Wenn es möglich ist, solltest du deinem Antragsteller mitteilen, wie er bestimmte Dinge erlebt hat, damit er sich seine eigene Meinung dazu bilden kann, aber belasse es dabei. Wie bereits erwähnt, haben nur Personen über 18 Jahren Zugang zu ihren Aufzeichnungen.

SCHRITTE ZUM ÖFFNEN DER AKASHA-CHRONIK FÜR ANDERE

Weißt du noch, wie du deine Akasha-Aufzeichnungen geöffnet hast? Der Vorgang ist immer noch derselbe. Der Hauptunterschied ist, dass du die Aufzeichnungen für eine andere Person öffnest und nicht für dich selbst. Vergewissere dich, dass du die Absicht hast, dieser Person zu helfen und nicht aus egoistischen Gründen. Wenn du es aus dem falschen Grund tust, wird es dich einholen, also vergewissere dich, warum du es tust, bevor du fortfährst.

Achte auf die Änderungen, die du persönlich vornehmen musst, wenn du die Unterlagen für andere öffnest. Du musst die Bedürfnisse der Anfragenden in den Vordergrund stellen und dich darauf konzentrieren, wie die Aufzeichnungen für sie von Nutzen sein werden. Führe sie durch den ersten Teil, um die Frage zu klären und die Vereinbarungen zu treffen. Vergewissere dich, dass der Anfragende den Prozess vollständig versteht und die richtigen Erwartungen geweckt werden. Sobald du zum zweiten Teil kommst, ermutige sie, sich an der Visualisierung und dem Segen zu beteiligen. Wenn du das Gebet des Weges vorliest, sprich die Zeilen 1-10 des Eröffnungsgebets laut mit dem Namen des Bittenden. Wiederhole die Zeilen 8-10 noch zwei weitere Male leise mit dem aktuellen Namen des

Antragstellers. Kündige die Öffnung der Aufzeichnungen an, indem du Zeile 11 laut sagst. Die Informationen, die du erhalten wirst, gehören nicht dir, also vermeide es, sie in einen persönlichen Kontext zu stellen. Es kann sein, dass du durch das, was du siehst, verwirrt wirst, aber denke daran, dass du nicht in der Lage bist, dir einen Reim auf die Unterlagen des Antragstellers zu machen. Nach Beendigung der Sitzung kann es sein, dass du desorientiert bist, deshalb ist es ratsam, eine erdende Aktivität durchzuführen, um dich zu erholen.

Hier ist eine einfache Schritt-für-Schritt-Anleitung, was du tun musst, um dies zu ermöglichen:

#1. Frage deinen Freund oder deine Freundin, ob er oder sie bereit ist, seine/ihre Akasha-Aufzeichnungen zu öffnen und Informationen aus vergangenen Leben zu erhalten.

#2. Wenn sie ja sagen, hilfst du ihnen, sich zu entspannen, indem du sie in einen Zustand der Meditation führst (oder eine andere Form der Entspannung, die für sie geeignet ist, wie Yoga oder Chanten). Achte darauf, dass sie vollständig entspannt sind.

#3. Nach der Entspannung leitest du die Person dazu an, sich vorzustellen, dass sie in der Mitte eines lichtdurchfluteten Raumes steht, während du ihre Akasha-Aufzeichnungen in deine Hände rufst und sie in die ihren überträgst, während du sagst: "Die Akasha-Aufzeichnungen sind jetzt für (Name einfügen) geöffnet, damit er/sie alle seine/ihre vergangenen Leben sehen kann, um die Antworten zu finden, die ihn/sie in diesem Leben leiten. Mögen sie diese Informationen weise nutzen."

#4. Wenn du dir nicht sicher bist, ob dein Freund oder deine Freundin bereit ist, seine/ihre Akasha-Aufzeichnungen öffnen zu lassen, kannst du hier aufhören und ihm/ihr sagen, dass es keine Eile hat und dass er/sie darauf zurückkommen kann, wenn er/sie bereit ist.

#5. Wenn sie bereit sind, kannst du sie bitten, sich auf eine flache Unterlage oder ihr Bett zu legen, während du deinen eigenen Akasha-Datensatz öffnest und zulässt, dass die Energien aus diesem Datensatz auf deinen übertragen werden. Lasse es ganz natürlich fließen, wie es sein wird. Achte darauf, dass sie sich in einer sicheren Umgebung befinden und von jemandem beaufsichtigt werden, dem sie voll vertrauen.

#6. Wenn du das getan hast, bitte deine Freundin oder deinen Freund, die Augen zu öffnen und zu erzählen, was sie oder er gesehen hat. Du kannst ihn/sie auch ermutigen, sich Notizen zu machen, die später bei der Deutung helfen könnten, wenn er/sie jetzt noch nicht bereit für unmittelbare Enthüllungen ist.

#7. Sobald sie ihre Interpretation haben, hilf ihnen, sie in einen Zusammenhang mit dem zu bringen, was bereits in ihrem Leben passiert, oder mit den Teilen, die unklar sind.

#8. Dann lass sie in Ruhe und gib ihnen Zeit, alles zu verarbeiten und sich selbst zu bestätigen, ob das alles wahr ist.

#9. Sie sollten sich dann bei dir melden und dir sagen, ob sie noch weitere Hilfe brauchen.

#10. Aber bevor du sie verlässt, solltest du ihnen für ihre Zeit und ihre Mühe danken, denn das wird ihnen helfen, besser zu verstehen, wer sie wirklich sind und warum sie in diesem Leben hier sind. Hilf ihnen dann, einen Plan zu erstellen, wie sie alles, was ihnen heute offenbart wurde, umsetzen können und lass sie sich dazu verpflichten, indem sie etwas sagen wie: "Von heute an akzeptiere ich die Tatsache, dass mein Akasha-Datensatz für mich offen ist. Und von nun an werde ich alles in meiner Macht stehende tun, um alles, was ich heute hier gelernt habe, aufzuzeichnen und in meinem Leben anzuwenden.

Auch hier gilt: Wenn dein Freund oder deine Freundin noch nicht bereit für diesen Prozess ist, dann sorge dafür, dass er/sie darauf zurückkommt, wenn er/sie dazu bereit ist. Manche Menschen brauchen einfach etwas Zeit, um die Idee der Reinkarnation zu akzeptieren, bevor sie etwas in dieser Richtung unternehmen.

Viele Ratsuchende fühlen sich nach einer Sitzung mit dir erleichtert, aber manche fühlen sich auch unwohl und stellen fest, dass sich ihr Leben aufgrund der Informationen aus den Akasha-Rollen stark verändert hat. Manche Menschen sind in der Lage, diese Veränderungen sofort zu akzeptieren, andere brauchen vielleicht Zeit, um sie zu integrieren, bevor sie Entscheidungen treffen. Gib ihnen etwas Zeit, um die Informationen zu verarbeiten, und sprich dann mit ihnen, ob sie weitere Hilfe brauchen.

Das Wichtigste, woran du denken solltest, ist, dass all diese Veränderungen ein normaler Prozess der Selbstfindung sind, denn Menschen gehen unterschiedlich mit ihrer neuen Weltsicht um, nachdem sie mit dieser Art von Informationen konfrontiert wurden.

Es gibt zwei Möglichkeiten, die Akasha-Aufzeichnungen für andere zu öffnen, um Informationen zu erhalten: Die erste Möglichkeit besteht darin, dass jemand anderes in deinem Namen durch deine persönlichen Akasha-Aufzeichnungen geht und alles liest, was darin steht. Bei dieser Art des Lesens verbindet man sich mit den Aufzeichnungen und kanalisiert die Informationen in eine physische, greifbare Form, so dass sie von einer anderen Person (dem Anfragenden) gesehen werden können. Die zweite Möglichkeit ist, dass du allein in deine

Aufzeichnungen gehst, um herauszufinden, was in einem bestimmten Leben passiert ist oder warum der/die Anfragende gerade solche Gedanken und Gefühle hat. Aber auch wenn du nur eine Methode anwendest, erhältst du genügend Informationen, um die Fragen deines Anfragenden zu beantworten.

Gemeinsame Annahmen

Es gibt einige Annahmen, die Menschen machen, wenn sie die Akasha-Rollen für andere öffnen. Hier sind einige der häufigsten:

Das Öffnen der Akasha-Chronik ist nur möglich, wenn du eine formale Ausbildung auf diesem Gebiet hast.

Die Wahrheit ist, dass jeder, der den Wunsch dazu hat, seine persönlichen Aufzeichnungen öffnen und Zugang zu Informationen aus der Vergangenheit erhalten kann, die ihm helfen, besser zu verstehen, wer er ist und warum er in diesem Leben hier ist.

Das Öffnen der Akasha-Rollen ist nicht sicher.

Es stimmt, dass das Öffnen der Akasha-Chronik für andere verschiedene Risiken birgt (wir empfehlen dir nicht, es allein zu tun), aber mit der richtigen Ausbildung können vor Beginn einer

Sitzung Vorsichtsmaßnahmen getroffen werden, um sicherzustellen, dass weder du noch der/die Anfragende zu Schaden kommt.

Das Öffnen der Akasha-Rollen bedeutet, dass sich das Leben eines Menschen komplett verändert.

Es stimmt zwar, dass Menschen durch das, was ihnen während einer Sitzung zur Öffnung der Akasha-Rollen gezeigt wird, einige neue Erkenntnisse gewinnen können, aber ihr Leben muss sich dadurch nicht dramatisch verändern. Für die meisten Menschen bedeutet die Öffnung ihrer Aufzeichnungen keine komplette Umgestaltung ihres Lebens, sondern eher eine Erweiterung ihres Bewusstseins, die ihnen hilft, sich selbst besser zu verstehen.

Das Öffnen der Akasha-Aufzeichnungen bedeutet, dass du in diesem Leben nicht mehr leiden musst.

Obwohl wir glauben, dass das Öffnen der Akasha-Aufzeichnungen anderen Menschen ein besseres Verständnis dafür vermitteln kann, warum sie bestimmte Ereignisse erleben, bedeutet das nicht, dass diese Dinge vollständig aus ihrem Leben verschwinden.

Die Akasha-Chronik zu öffnen bedeutet, übersinnlich zu werden.

Diese Informationen können dir zwar helfen, dich besser mit deinem Wesen in Einklang zu bringen, aber sie machen dich nicht zu einem Hellseher, denn niemand weiß wirklich, was die Zukunft bringt oder was mit ihm zu einem bestimmten Zeitpunkt passieren wird.

Das Öffnen der Akasha-Chronik bedeutet, alles zu sehen, was jemals passiert ist oder jetzt passiert.

Für manche Menschen trifft das zu, aber nicht für alle anderen. Wenn du die Akasha-Rollen öffnest, erhältst du viele Informationen über deine vergangenen Leben (die so aussehen können, als wären sie hier und jetzt), aber das bedeutet nicht, dass du die Gegenwart oder Zukunft sehen kannst.

Deine spirituelle Reise ist eine geheimnisvolle Reise. Es kann schwer sein, deine Bestimmung in dieser Welt zu finden, wenn es so viele Ablenkungen und Hindernisse in deinem Leben gibt. Viele Menschen suchen nach Antworten, wissen aber nicht wirklich, wonach sie suchen. Andere sind sich nicht sicher, wie sie die richtigen Fragen stellen oder die Informationen, die sie erhalten, interpretieren sollen. Die Akasha-Chronik für andere zu öffnen, ist eine Dienstleistung, die den Menschen helfen kann, bessere Entscheidungen in ihrem Leben zu treffen. Es ist auch eine aufschlussreiche Erfahrung, die dir hilft, dich für deine Schöpferkraft zu öffnen, aber nur, wenn es mit reinen Absichten und gutem Willen gegenüber allen Beteiligten geschieht.

Die Informationen, die in den Akasha-Aufzeichnungen einer Person enthalten sind, können auf andere Menschen, Orte und Ereignisse angewendet werden. Wenn wir mit den Anfragenden an ihren Akasha-Aufzeichnungen arbeiten, stellen wir oft fest, dass es Verbindungen zu vergangenen Leben und Verbindungen zwischen Menschen in diesem Leben gibt. Das hilft zu erklären, warum uns bestimmte Dinge immer wieder passieren oder warum es scheint, als ob manche Menschen ständig in unserem Leben sind. Verbindungen aus vergangenen Leben sind selten zufällig, wie wir sehen können, wenn sich Verhaltensmuster zwischen den Leben wiederholen.

.

Kapitel 10. Meditation und die Akasha-Aufzeichnungen: Die Geschichte deines Lebens neu schreiben

Es ist ein weit verbreiteter Irrglaube, dass es bei der Meditation nur darum geht, den Geist zu leeren. In Wirklichkeit geht es genauso darum, deinen Kopf mit positiven Gedanken und Erinnerungen zu füllen, aus denen du Kraft und Inspiration schöpfen kannst. Eine der wirkungsvollsten Methoden, dies zu tun, ist das Anzapfen der Akasha-Aufzeichnungen.

Aber wie kann es für einen Menschen möglich sein, etwas so Großes und Tiefes anzuzapfen? Die Antwort lautet: Indem du deinen Geist für die Meditation öffnest. Dazu gibt es zahlreiche Möglichkeiten, z. B. im gegenwärtigen Moment zu leben, dich durch Yoga oder andere Körperübungen wie Massagen zu erden, deine Kreativität durch Kunst und Musik (z. B. durch das Spielen eines Musikinstruments) zu fördern und dich auf das zu konzentrieren, was dir im Leben wirklich wichtig ist.

Der Schlüssel dazu ist, alle Gedanken, Gefühle und Empfindungen loszulassen - sowohl physische als auch konzeptionelle. Wenn du also täglich meditierst, versuche, dich ausschließlich auf den gegenwärtigen Moment zu konzentrieren, ohne an irgendetwas anderes zu denken, auch nicht an deine Vergangenheit oder Zukunft; die Akasha-

Aufzeichnungen kommen automatisch ins Spiel, sobald du diesen Punkt ohne Wiederkehr überschritten hast.

Um dir dabei zu helfen, könntest du jede Sitzung mit der folgenden Affirmation beginnen: Ich bin bereit, auf die Akasha-Rollen zuzugreifen und ihre Weisheit zu nutzen. Von nun an wird mein Bewusstsein für das gesamte menschliche Wissen offen sein.

Dann entspanne dich jeden Tag etwa 10 Minuten lang in deinem Meditationsraum und lass dich durch die Zeit zurückdriften, bis du den Teil deines Lebens erreichst, in dem du nach Antworten suchen möchtest. Die Akasha-Chronik können dir alles zeigen - von der Suche nach einer erfüllenden Arbeit und Beziehung bis hin zum Fahrplan für den Weltfrieden, von der Enthüllung deines wahren Lebenszwecks bis hin zur Heilung von dir selbst oder anderen.

Wenn du spürst, dass es Zeit ist, weiterzugehen, kehre mit deinem Bewusstsein in den gegenwärtigen Moment zurück. Dann kehrst du zum Anfang deiner Sitzung zurück und wiederholst diesen Vorgang, bis du dich bereit fühlst, die Arbeit mit den Akasha-Rollen zu beenden. An diesem Punkt kannst du versichern, dass sie dir weiterhin helfen werden, wann immer du sie brauchst, und dich abschließend für ihre Hilfe bedanken.

Sobald du dich auf diesen Zyklus von Arbeit und Ruhe einlässt, wirst du feststellen, dass die Akasha-Rollen eine Art haben, zu dir zu sprechen - und je öfter du dich auf diese Weise mit ihnen verbindest, desto klarer werden ihre Worte. Sei also nicht überrascht, wenn sich deine Meditationserfahrung sehr real anfühlt: Sie ist real, aber auf einer anderen Ebene der Wirklichkeit. Und wenn du an diesem Punkt in deinem Leben mit den Akasha-Chronikn arbeitest, musst du nicht aufhören, wenn du deine tägliche Sitzung beendet hast: Alles, was passieren wird, ist, dass sie immer wieder neue Einsichten und Ideen in dein Bewusstsein bringen werden, wann immer ihre Hilfe benötigt wird.

Eine Meditation mit offenem Herzen, um spirituelle Führung zu erhalten, als Vorbereitung auf den Zugang zu deinen Akasha-Aufzeichnungen

Die Meditation des offenen Herzens soll dir helfen, dein Herz zu öffnen, um spirituelle Führung und Weisheit von Geistführern zu empfangen.

Suche dir einen bequemen Platz, an dem du dich entweder hinsetzen oder hinlegen kannst. Schließe deine Augen und beginne dich zu entspannen, indem du die Spannung von deinem Kopf bis zu deinen Zehen loslässt.

Konzentriere dich auf deinen Atem, verlängere ihn, hilf dem Atem, den Körper zu heilen, öffne den Körper, schaffe Raum, Entspannung, Offenheit. Nun visualisiere, fühle oder stelle dir ein wunderschönes Licht auf deinem Scheitel vor. Sieh, wie dieses schöne Licht vom Scheitel bis in deine Kopfhöhle und in jeden Teil deines Körpers eindringt. Dieses Licht bewegt sich wellenförmig und breitet sich in jeder einzelnen Zelle deines Körpers aus. Es befreit jede Anspannung, jede Verkrampfung, jedes Gift, jeden Gedanken und jedes Trauma aus jeder einzelnen Zelle deines Körpers und ersetzt es durch Licht, Frieden und Offenheit. Während das Licht weiter in jede einzelne Zelle deines Körpers eindringt, fühlst du dich immer entspannter, immer ruhiger, immer mehr.

Bringe nun dein Bewusstsein in den Raum deines Herzens, direkt hinter deinem Herzzentrum, in der Mitte deines Brustkorbs. Und während du dein Bewusstsein auf der Rückseite deines Herzens hältst, beobachte diesen Raum. Ist er offen und frei von Spannungen? Ist er entspannt? Wie atmest du in diesen Raum hinein? Ist er ausgedehnt? Beabsichtige, mehr Raum zu schaffen.

Mehr Entspannung, mehr Ausdehnung im Raum deines Herzens. Du kannst lächeln, um diesen Prozess zu unterstützen. Wenn du in dein Herz lächelst und jede einzelne Zelle deines Herzens anlächelst, öffnet sich dein Herz und dehnt sich aus. Ich stelle mir einen Energiewirbel vor, der von der Vorderseite deines Herzens im Uhrzeigersinn in dein Herz fließt und gegen den Uhrzeigersinn durch die Rückseite entweicht. Die Energie bewegt sich in den Raum deines Herzens und bringt neue Energie, Liebe, Entspannung, Heilung und Frieden hinein. Während du dir vorstellst, wie sich dieser wunderbare Energiewirbel in deinem Herzen bewegt und immer mehr Liebe und Energie in den Raum deines Herzens bringt, siehst du wunderschöne goldene und grüne Lichter, die sich gemeinsam bewegen und dich immer tiefer in dein Herzzentrum bringen.

Während du dich immer tiefer in dein Herzzentrum bewegst, fühlst du dich leichter, heller, ausgedehnter und entspannter. Du spürst, wie sich der Raum deines Herzens so sehr ausdehnt, dass er über den Raum deines physischen Körpers hinausgeht. Lächle weiter und konzentriere dich auf den Energiewirbel aus wunderschönen goldenen und grünen Lichtern, die sich immer tiefer in dein Herz bewegen, und spüre, wie sich dein Herz immer mehr ausdehnt. Während sich dein Herz immer weiter ausdehnt, öffnet und heilt, wirst du dir vielleicht eines Schmerzes in deinem Herzen bewusst, etwas, das dir Schmerz und Leid gebracht hat, ein vergangenes Ereignis, an dem du noch immer festhältst. Wenn du dir diesen Schmerz bewusst gemacht hast, kommen vielleicht Erinnerungen daran an die Oberfläche, Gedanken, Bilder, körperliche Empfindungen, nimm sie wahr und erlaube ihnen, sich zu lösen. Werde dir bewusst, dass sie da waren, dass sie gespeichert waren. Und entscheide dich, sie loszulassen, sie zu klären, sie aus deinem Herzen zu entlassen, nicht so, wie wenn er sie loslässt, dein Herz sich noch mehr ausdehnt. Es gibt mehr Raum, mehr Entspannung, mehr Platz für neue Gefühle, neue Emotionen, neue Beziehungen. Lasse weiterhin jeglichen Schmerz aus deinem Herzen los und erlaube deinem Herzen, sich immer mehr auszudehnen und folge dem Wirbel aus wunderschönen goldenen und grünen Lichtern bis in die Mitte deines Herzens.

Wenn du spürst, dass du die Mitte deines Herzens erreicht hast, verbinde dich mit der Liebe, die dort ist. Liebe, die von deiner Seele kommt. Spüre, wie sehr du geliebt, umsorgt und unterstützt wirst, und nimm zur Kenntnis, dass du immer wieder in den Raum deines Herzens zurückkehren kannst, um dieses Maß an Liebe, Fürsorge und Unterstützung in der Mitte deines Herzens zu spüren. Bleibe in der Mitte deines Herzens und denke an etwas in deinem Leben, das du gerne verbessern würdest, an eine Situation, die du gerne ändern und besser machen würdest.

Und jetzt, bitte um Führung. Frage nach deinen Geistführern, Engeln, Meistern und aufgestiegenen Meistern, nach jedem, mit dem du dich verbunden fühlst. Bitte sie um ihre Hilfe, ihre Führung. Gibt es etwas, das sie dir sagen oder mit dir teilen möchten? Alles, was dir hilft, mehr Liebe, Freude, Glück und inneren Frieden in dein Leben zu bringen. Können sie es dir sagen, können sie es dir zeigen, sei es in Form von Bildern, Worten, einer Verbindung von Geist zu Geist oder Gedanken? Erlaube dir, ihre Botschaft zu empfangen und dich mit der Schwingung dieser Botschaft zu verbinden. Wie fühlt es sich in deinem Inneren an, wenn du diese Botschaft empfängst? Wie fühlst du dich, wenn du dich tief mit der Botschaft, die du empfängst, verbindest, indem du sie füllst, um sie zu verankern, zu integrieren? Damit du diese Schwingung erkennst und in dein Bewusstsein integrierst, musst du wissen, dass du jederzeit in diesen Zustand des tiefen Friedens, der tiefen Entspannung und des inneren Wissens zurückkehren kannst, indem du tief, tief in den Raum deines Herzens gehst. Kläre den Schmerz, lass ihn los und öffne dein Herz dafür, geführt, geliebt und unterstützt zu werden. Danke jetzt deinen Führern, Geistführern, Sendemeistern, Engeln und allen, die dir geholfen haben, dich zu führen. Danke ihnen für ihre Hilfe und wisse, dass du jederzeit mit ihnen kommunizieren kannst, wenn du in diesen Raum zurückkehrst. Erinnere dich auch daran, dass die Schwingung, die du gefühlt hast, als du eine Antwort auf deine Frage bekommen hast, als du eine Nachricht erhalten hast, dir immer zur Verfügung steht, indem du einfach in den Raum deines Herzens gehst und dich auf diese Schwingung einstimmst und sie verkörperst.

Komme nun langsam in den gegenwärtigen Moment zurück, in den Raum und die Zeit, in der du dich befindest. Vertiefe deinen Atem, spüre, wie sich dein Herz ausdehnt, und halte diese Ausdehnung deines Herzens aufrecht, während du in den gegenwärtigen Moment zurückkehrst. Beginne, mit deinen Fingern auf den Zehen zu wackeln und wenn du bereit bist, öffne sanft deine Augen.

Geführte Meditation für den Zugang zu den Akasha-Aufzeichnungen

Diese geführte Meditation zur Entdeckung deiner Beziehungen, deines Lebens und der Bestimmung deiner Seele wird dir helfen, eine Verbindung zur höchsten Quelle der Liebe und Weisheit zu deinem höchsten Wohl herzustellen. Alles, was du brauchst, um Zugang zu den Akasha-Aufzeichnungen zu bekommen, ist ein offenes Herz und ein offener Geist, der in der

Liebe verwurzelt ist, um deine Fragen zu stellen und in der Akzeptanz verwurzelt ist, um die Antworten zu erhalten. Du musst darauf vertrauen, dass das Universum immer zu deinen Gunsten arbeitet und dich bei jedem Schritt unterstützt, um dir zu helfen und dich zu dem Wissen zu führen, das dir auf deiner Seelenreise und in dieser Meditation helfen wird, deine Beziehungen, dein Leben und die Bestimmung deiner Seele zu entdecken.

Bist du also bereit, dich einzustimmen? Befindest du dich an einem ruhigen Ort, an dem du ungestört bist und idealerweise auch danach, damit du über diese Erfahrung nachdenken kannst? Fühlst du dich wohl, wenn du sitzt oder liegst? Bist du bereit? Ja, gut. Während wir uns auf unsere Meditation vorbereiten, wollen wir uns einen Moment auf den zentrierenden Gedanken konzentrieren. Heute und jeden Tag richte ich mein Bewusstsein, mein Unterbewusstsein und mein Überbewusstsein darauf aus, im Einklang mit dem Ziel meiner Seele zu leben, zu meinem höchsten Wohl und dem aller anderen. Heute und jeden Tag richte ich mein Bewusstsein, mein Unterbewusstsein und mein Überbewusstsein darauf aus, im Einklang mit dem Ziel meiner Seele zu leben, um mein höchstes Wohl und das aller Menschen zu erreichen.

Während wir uns darauf vorbereiten, mit der tiefen Atmung zu beginnen, stell dir bei jedem Einatmen vor, dass du die Energie, die du in das Universum hinausgestreut hast, wie Gedanken, Bedenken oder Sorgen über die Vergangenheit oder die Zukunft, an dich ziehst und beim Ausatmen stellst du dir vor, dass du jede Energie, die du aufgenommen hast und die nicht zu dir gehört, wie die Bedenken oder Urteile anderer Menschen, das, was sie gesagt haben, oder das, was du denkst, dass sie denken könnten, wieder zu ihnen zurückschickst. Kehre in deine Mitte zurück und erlaube den Spannungen in deinem Körper, sich aufzulösen, während du langsam einatmest, also deine Lungen füllst und meine Energie an mich zurückdenkst. Atme noch einmal tief ein, ziehe deine Energie in dich zurück und atme mit einem langen Seufzer aus, wobei du die Energie der anderen loslässt. Ein letztes Mal atmest du langsam und tief ein, ziehst deine gesamte Energie wieder ein und atmest mit einem Seufzer aus, wobei du die gesamte Energie, die anderen gehört, zurückgibst. Gut, jetzt kannst du normal atmen. Gleich werde ich von 10 bis 1 herunterzählen. Mit jeder absteigenden Zahl wirst du mehr darauf eingestimmt, die Schwingungsenergie in einen Zustand erhöhten Bewusstseins zu versetzen. Schließe jetzt die Augen, während ich den Countdown beginne.

Zehn, höre auf den Klang. Neun, lass den Beat zu deinem Fokus werden. Acht, höre mit deinem ganzen Wesen zu. Sieben, lass den Rhythmus deine Sinne erfüllen. Lass ihn wie Wellen in dich hineinfließen. Sechs, lass ihn in jedem Teil von dir mitschwingen, wenn du den Rhythmus reitest. Fünf, spüre ihn in deinem Blut und in deinen Knochen. Viertens: Spüre, wie die Verbindung zur Erde aufsteigt, tief unter deinen Füßen, in deinen Körper hinauffließt und dich verankert, während der Rhythmus ein Teil von dir wird. Drittens: Erfahre, wie sich deine eigene Identität auflöst, indem du körperliche Begrenzungen auflöst, verschwindest, absteigst und gleichzeitig nach oben schwebst. Und eins, erlebe, wie du dich mit dem Herzschlag des Universums, mit dem Rhythmus deines Seins synchronisierst und spüre, wie sich diese Verbindung entfaltet. Vielleicht spürst du deine Vertikalität wie eine Energiesäule, die nach unten und oben reicht, pulsiert und vibriert wie eine Lichtsäule, die vielleicht so breit ist, wie du groß bist. Spüre, wie sich deine Energie, dein Körper dehnt, stell dir vor, wie er sich nach oben und unten ausdehnt, von der Mitte aus und gleichzeitig in alle Richtungen, nach unten, nach vorne, nach hinten und nach allen Seiten, während du dein Bewusstsein allmählich weiter ausdehnst. Zeit und Raum werden verschwinden, wenn du es nicht schon getan hast. Du spürst vielleicht, wie sich Grenzen auflösen. Während die Grenzen aufgehoben werden, nimmst du dich vielleicht als schwer und doch schwerelos, fließend und doch fest und stark wahr und kommst in eine bewegte Stille. Hier kannst du dir des Gefühls des völligen Nichts bewusst werden, obwohl nichts zu fehlen scheint. Es kann dir so vorkommen, als ob du völlig durchsichtig bist, obwohl es nichts zu sehen gibt. Es kann so aussehen, als ob nichts passiert, obwohl alles passiert. Es ist, als ob du dich an einem Ort der Unendlichkeit befindest und darüber hinaus an einem Ort, an dem sich Himmel und Erde in dir treffen. Und während sich diese Verbindung verstärkt, breitet sich ein Gefühl des Friedens, eine ruhige Gewissheit aus. In deinem Inneren sind Klarheit, Weisheit und Liebe immer verfügbar. Von und in diesem Ort hat das göttliche, liebevolle, mitfühlende Wesen, das du bist. Von diesem Ort höherer Weisheit und Führung aus werde ich diesem liebevollen, mitfühlenden Teil von dir Fragen stellen, die dir helfen, deine Seelen und Spannungen zu ergründen. Vertraue den Antworten, der Vision oder dem Wissen, das du erhältst. Du kennst die Antworten und sie werden dir offenbart werden, wenn nicht jetzt, dann in den nächsten Tagen. Es könnte während eines Traums sein. Es könnte sein, während du draußen spazieren gehst, ohne überhaupt darüber nachzudenken. Du könntest einfach eine Erleuchtung haben und es einfach wissen. Du wirst es wissen, und die Antworten werden kommen, wenn du offen und dankbar bist.

Denke jetzt an eine Frau. Wer ist sie? Was kann sie dich lehren? Was kann sie dir noch beibringen? Was kannst du von ihr lernen? Was kannst du sonst noch von ihr lernen? Was an ihr macht dir am meisten Freude? Was an ihr bereitet dir am meisten Kummer? Was will sie wirklich, tief im Inneren, von dir? Was willst du wirklich von ihr? Was ist deine Aufgabe in ihrem Leben? Was ist ihr Ziel in deinem Leben? Wie hat sich ihr Leben zum Besseren verändert, weil sie dich in ihrem Leben hat? Wie hat sich dein Leben zum Besseren verändert, weil du sie in deinem Leben hast? Welche Eigenschaften bringt sie in dir zum Vorschein? Welche Eigenschaften bringst du in ihr zum Vorschein?

Frag dich jetzt: Was wollen wir gemeinsam schaffen? Was wollen wir in uns gegenseitig heilen? Was ist das Hauptthema in dieser Beziehung? Ist es Mitgefühl, Vergebung, Liebe, Fürsorge, Ehrlichkeit, Loyalität, Freiheit, Macht, oder was ist es? Welches sind unsere einzigen Ziele und unser Zusammensein? Was sind die notwendigen Schritte, die ich unternehmen muss, um mich auf die Ziele meiner Seele auszurichten?

Gut, jetzt denk an einen Mann. Wer ist er? Was kann er dich lehren? Was kann er dir noch beibringen? Was kannst du von ihm lernen? Was kannst du sonst noch von ihm lernen? Was an ihm macht dir am meisten Freude? Was an ihm bereitet dir am meisten Kummer? Was will er wirklich, tief im Inneren, von dir? Was willst du wirklich von ihm? Was ist deine Aufgabe in seinem Leben? Was ist sein Ziel in deinem Leben? Wie hat sich sein Leben zum Besseren verändert, weil er dich in seinem Leben hat? Wie hat sich dein Leben durch ihn zum Besseren verändert? Welche Eigenschaften bringt er in dir zum Vorschein? Welche Eigenschaften bringst du in ihm zum Vorschein? Frag dich jetzt: Was wollen wir gemeinsam schaffen? Was wollen wir in uns gegenseitig heilen? Was ist das Hauptthema dieser Beziehung: Mitgefühl, Vergebung, Liebe, Fürsorge, Ehrlichkeit, Loyalität, Freiheit, Macht, oder was ist es? Welches sind unsere einzigen Ziele, wenn wir zusammen sind? Was sind die notwendigen Schritte, die ich unternehmen muss, um mich auf die Ziele meiner Seele auszurichten?

Stell dir nun von diesem höheren Ort der Weisheit und Liebe aus diese Seelenfragen. Wer bin ich? Warum bin ich hier? Was will ich? Gut, jetzt, wo du deinen einzigen Zweck als Zustand des Seins kennst, kannst du erkennen, dass dein Lebenszweck in deinem Seelenzweck enthalten ist? Kannst du jetzt erkennen, dass dein Beziehungsziel bereits in deinem Seelenziel enthalten ist? Und schließlich: Wie verändert eine Seelenbestimmung deine Beziehung zu dir selbst und zu anderen? Du kennst die Antworten, und wenn nicht, werden sie dir offenbart werden. Du wirst es wissen, und die Antworten werden kommen. Erinnere dich einfach immer wieder an den heutigen zentrierenden Gedanken.

Heute und jeden Tag richte ich mein Bewusstsein, mein Unterbewusstsein und mein Überbewusstsein so aus, dass ich im Einklang mit dem Ziel meiner Seele und meinem höchsten Gut lebe. Heute und jeden Tag richte ich mein Bewusstsein, mein Unterbewusstsein und mein Überbewusstsein so aus, dass sie mit dem Ziel meiner Seele für mein höchstes Wohl in Einklang stehen. Heute und jeden Tag richte ich mein Bewusstsein, mein Unterbewusstsein und mein Überbewusstsein darauf aus, im Einklang mit dem Ziel meiner Seele zu leben, das meinem höchsten Wohl dient. Je mehr du dieses Bewusstsein integrierst, desto mehr entwickelst du dich und entfernst die Blockaden auf deinem Weg der höchsten Selbstverwirklichung und des wahren Sinns des Lebens. Beginne in diesem Sinne, dein Bewusstsein wieder in deinen Körper zu bringen. Vielleicht dehnst und bewegst du dich, wackelst mit einem Finger oder Zeh und wenn du dich bereit fühlst, öffnest du sanft deine Augen und lächelst - fühlst du dich besser? Vielleicht sogar so gut wie schon lange nicht mehr, was dich selbst, dein Leben und alle Menschen darin angeht.

Du erinnerst dich an die gesamte Sitzung und kannst sie jederzeit von überall aus wieder aufrufen. Oft ist es hilfreich, ein Tagebuch zu führen, damit du über das, was du heute erlebt hast, nachdenken kannst.

MEDITATIONSLEITFADEN FÜR DIE SUCHE NACH DEINER WAHREN LEBENSAUFGABE

Sorge dafür, dass du ungestört bist. Dämpfe das Licht und lege oder setze dich in eine bequeme Position. Schließe deine Augen und folge dem Klang meiner Stimme. Wir begeben uns auf eine visualisierte Reise, auf der du dir vorstellst, wie du Tätigkeiten ausübst, die deine Bestimmung erfüllen. Es ist nicht notwendig, während deines Lebens eine Aufgabe zu finden. Du magst hier inkarniert sein, um bestimmte Erfahrungen zu machen und bestimmte Lektionen zu lernen. Wenn du aber das Gefühl hast, dass du eine bestimmte Aufgabe hast, aber noch nicht weißt, was es ist, dann ist es wahrscheinlich, dass du eine hast und intuitiv weißt, dass es so ist.

Zuerst werde ich dich entspannen, damit dein Unterbewusstsein in Erscheinung treten kann. Dann greifen wir auf deine Hellsichtigkeit zu, um die Weisheit deines höheren Selbst einzubringen. Los geht's. Ich möchte, dass du dir diese Zeit gönnst, um dich auf dich selbst zu konzentrieren. Ich möchte, dass du jetzt tief einatmest und beim Ausatmen den Stress und die Anspannung des täglichen Lebens von dir abfallen lässt. Atme nun wieder sanft ein und spüre beim Ausatmen, wie sich deine Gesichtsmuskeln entspannen.

Atme wieder ein und spüre beim Ausatmen, wie sich deine Schultern senken und alle Anspannung lösen. Atme wieder ein und während du ausatmest, werden deine Arme schwer und die Anspannung schmilzt einfach dahin. Atme wieder ein und während du ausatmest, entspanne deine Brust- und Rückenmuskeln den ganzen Rücken hinunter, und als Letztes, konzentriere dich auf die Beine und Füße, atme ein und spüre, wie sie völlig entspannt sind.

Wenn du ausatmest, ist dein Körper sehr entspannt. Erlaube deinem Geist ein warmes Gefühl der Ruhe und Gelassenheit. Erlaube diesem Gefühl, zu wachsen. Du bist sehr ruhig und friedlich, geliebt und beschützt, also lass dich treiben, lass dich einfach treiben, treibe tiefer und tiefer in ein tiefes, tiefes Gefühl der Entspannung. Gleich zähle ich dich herunter und du findest dich auf einem Weg in einer wunderschönen grünen Landschaft wieder.

Los geht's, zehn, neun, acht, sieben, tiefer und tiefer treiben. Jetzt sechs, fünf, vier, drei, nach unten treiben, nach unten. Zwei, eins und du befindest dich jetzt auf einem Weg in einer wunderschönen Landschaft. Die Sonne scheint und die Luft hat eine perfekte Temperatur. Ringsherum stehen üppig grüne Bäume, Gras und kleine Blumen. Dies ist wirklich ein angenehmer und beruhigender Ort. Du fühlst dich hier sehr sicher und beschützt. Du bemerkst, dass sich der Weg vor dir ausdehnt. Du gehst den kleinen Weg entlang und beobachtest die Schönheit um dich herum. Vor dir siehst du etwas, das ganz hell leuchtet, in einem wunderschönen goldenen, weißen Licht. Wenn du weitergehst, siehst du, dass sich direkt vor dir auf dem Weg ein strahlendes Tor aus Licht befindet. Der Weg führt direkt zu diesem leuchtenden Tor, aus dem goldenes Licht strömt. Diese Tür ist das Tor zum unendlichen Wissen. Sobald du es erreichst, stelle dich mit dem Gesicht zum Tor und beobachte es einen Moment lang. Auf der anderen Seite des Portals kannst du dich selbst sehen, wie du deine Aufgabe erfüllst, oder vielleicht sogar mehr als eine Aufgabe, also lass einfach alle Zweifel und Erwartungen los. Lass den Prozess für eine Weile auf dich zukommen und lass ihn einfach zu. Geh jetzt durch die Tür und wisse, dass diese Tür gleich hinter dir sein wird, sobald du zurückkehren möchtest.

Auf der anderen Seite erlaubst du deiner Umgebung, sich sanft für dich zu formen. Akzeptiere, was du siehst, was auch immer kommt. Wenn du könntest, würdest du dich beobachten, wie du jetzt deine Aufgabe erfüllst. Was würdest du sehen? Beobachte dich jetzt und nimm dir ein paar Augenblicke Zeit dafür. Wunderbar, erlaube jetzt einfach, dass deine Umgebung für dich verblasst, und ich zähle dich von fünf bis eins herunter. Du wirst dich in einer neuen Umgebung wiederfinden und dich dabei beobachten, wie du etwas anderes tust, eine andere Aufgabe oder Tätigkeit, die für dich in diesem Leben von Vorteil wäre.

Los geht's, fünf, vier, drei, zwei, eins, und finde dich dort wieder. Nimm dir einen Moment Zeit und erlaube deiner Umgebung, sich zu formen. Wenn du dich selbst sehen könntest, wie du andere lohnenswerte Handlungen ausführst, was siehst du dann in diesem Moment? Nimm dir Zeit, lass die Szene jetzt für dich erscheinen und nimm dir ein paar Augenblicke Zeit, dich zu beobachten. Wunderschön, gut gemacht.

Jetzt ist es an der Zeit, zurückzukehren. Dreh dich um und sieh die leuchtende Tür aus goldenem Licht hinter dir. Geh jetzt durch die Tür und finde dich auf dem Weg in der schönen Landschaft wieder. Atme jetzt tief ein und aus. Gehe nun den Weg zurück und beobachte die schöne Umgebung, während du gehst. Während du gehst, danke deinem höheren Selbst dafür, dass es dir heute diese Einsicht in deine Bestimmung gegeben hat, und nimm nur die Einsicht mit, die du behalten möchtest. Gleich zähle ich dich auf und du kehrst zur Normalität zurück.

Los geht's, eins, zwei, drei, vier, fünf, und du fühlst dich ruhig und ausgeruht. Sechs, sieben, acht, neun, zehn, und du kehrst erfrischt zur Normalität zurück. Du kannst deine Augen öffnen, wenn du bereit bist.

Geführte Meditation zur Klärung des Karmas

Diese geführte Meditation gibt dir die Möglichkeit, loszulassen, zu befreien und Gelübde der Armut, des Zölibats und des Leidens zu brechen, die du in früheren Leben abgelegt hast. Die Energie vergangener Leben kann uns in dieses Leben folgen. Welche karmische Energie auch immer jetzt auftaucht, sei dir bewusst, dass sie nicht dazu da ist, dich herunterzuziehen oder zu bestrafen. Im Gegenteil, sie kann als mächtiges Sprungbrett und als Heilungsmöglichkeit für dein höchstes Gut genutzt werden, wenn du dich voll und ganz darauf einlässt, eine tiefgreifende Reinigung von Themen aus mehreren vergangenen Leben durchzuführen. Es heilt auch Wunden aus der Kindheit und dem frühen Erwachsenenalter, einschließlich sexueller Traumata, Süchte, Beziehungswunden und geschäftlicher Herausforderungen.

Heute werde ich dich dabei anleiten, karmische Vereinbarungen zu klären, loszulassen und zu brechen, die dich daran hindern, in allen Lebenszeiten, in allen Inkarnationen, in der Vergangenheit, der Gegenwart und der Zukunft auf diesem Planeten in dieser Realität und in allen anderen Dimensionen oder Ebenen der Existenz in höchster Erregung zu leben und Karma aufzulösen. Beginne einfach damit, die Kraft von Mutter Erde anzuzapfen und sie zu bitten, dir heute dabei zu helfen, alles auszuräumen, was nicht mehr in Resonanz mit deinem höchsten Gut und deinem tiefsten Wohlbefinden ist. Zapfe diese unendliche Mauer der bedingungslosen Liebe und des tiefen Mitgefühls an. Erkenne radikale Vergebung tief im Kristallherz von Mutter Erde.

Beginne damit, dass du tief in dein Chakra einatmest und der hochfrequenten Energie erlaubst, vom Steißbein aus die

Wirbelsäule hinaufzusteigen und alle deine Chakren zu berühren, zu öffnen, auszugleichen und zu harmonisieren. Atme noch einmal tief ein. Erlaube dieser Energie, weiter nach oben zu deinem Brustkorb zu wandern und sich vorne und hinten in deinem Herzen zu bewegen. Atme tief ein und bewege dich weiter nach oben zur Kehle und in den Nacken. Atme noch einmal tief ein, bewege dich nach oben, berühre den Raum zwischen deinen Augenbrauen und spüre, wie sich die Energie in deinem Kopf bewegt. Atme noch einmal tief ein und spüre, wie sich die Energie nach oben bewegt und jetzt sanft deinen Scheitel berührt. Atme noch einmal tief ein und spüre, wie die Energie sanft durch deinen Scheitel entweicht. Stell dir einfach vor, dass du vom Fuß aufwärts zum Scheitel atmest. Du spürst, dass die Energie alle deine Chakren berührt, öffnet, ausgleicht und harmonisiert. Atme tief vom Fuß bis zum Scheitel ein und sieh, wie die Energie sanft durch den Scheitel deines Kopfes ausströmt und dein aurisches Feld reinigt und klärt, um dich darauf vorzubereiten, einschränkende Glaubenssätze in Form von karmischen Vereinbarungen in allen Richtungen von Zeit und Raum in diesem Leben und in allen vergangenen, gegenwärtigen und zukünftigen Inkarnationen auf diesem Planeten, in dieser Realität und in allen anderen Dimensionen oder Ebenen der Existenz loszulassen. Atme noch einmal tief ein. Entspanne dich einfach. Es fühlt sich so gut an, sich zu entspannen und zu wissen, dass du dein Leben jetzt in die Hand nimmst und dein energetisches Unterstützungsteam einschaltest, das dich heute unterstützt.

Nimm einen tiefen Atemzug und setze deine Absicht, die Kraft deiner bewussten Aufmerksamkeit, um dein energetisches Unterstützungsteam herbeizurufen. Das können deine Engel, deine Geistführer, Krafttiere, deine Ahnen sein; vielleicht ist es auch dein inneres Kind oder dein höheres Selbst, und fühle, dass ich fühle, wie dein energetisches Unterstützungsteam dich bedingungslos liebt. Spüre die Liebe deines energetischen

Unterstützungsteams, das dich jetzt gerade umgibt, und rufe Erzengel Michael und Erzengel Raphael an, falls sie noch nicht in diesem Kreis anwesend sind. Rufe diese mächtigen Engel jetzt sofort herbei. Beeil dich Erzengel Michael, Erzengel Raphael, ich habe euch gebeten, jetzt bei mir zu sein. Atme aus. Entspann dich und rufe alle Wesen der Liebe, des Lichts und der Weisheit an, die dir bei diesem tiefgreifenden Klärungsprozess helfen. Sie sind hier, um dich daran zu erinnern, dass du einen göttlichen Auftrag hast. Du erscheinst zu diesem göttlichen Termin mit der Hilfe und Unterstützung deines energetischen Unterstützungsteams und durch die Kraft deiner bewussten Aufmerksamkeit. Du übernimmst jetzt die Verantwortung für dein Leben. Du hast die feste Absicht, alle karmischen Gelübde zu lösen und zu brechen. Du hast die Macht, alle negativen Energien auf der tiefsten zellulären Ebene zu klären. Du hast die Macht, alle negativen Energien auf der tiefsten Zellebene zu klären. Du kannst dein Zellgedächtnis von vielen Problemen aus mehreren Leben, in diesem Leben und in früheren Leben in dieser und allen anderen Realitäten, in allen Richtungen von Zeit und Raum, in der Vergangenheit, Gegenwart und Zukunft, reinigen. Atme also noch einmal tief ein. Wenn du ausatmest, stell dir vor, wie du in den Raum der Ruhe und des Friedens eintrittst, der immer in dir wohnt. Öffne dich dafür, die Auswirkungen der Angst loszulassen, die du vielleicht in anderen Dimensionen und Zeiträumen beobachtet hast. Erlaube deinem energetischen Unterstützungsteam und den mächtigen Erzengeln Michael und Raphael, die ganze Arbeit der Klärung zu übernehmen. Lade sie ein und erlaube ihnen einfach, vollen Zugang zu deinem Zellgedächtnis, deinem Herzzentrum und deinem Emotionalkörper zu haben.

Atme noch einmal tief ein. Atme aus und entspanne dich. Bekräftige, dass ich jetzt alle Schmerzen und einschränkenden Überzeugungen loslasse, die ich aufgrund von Erfahrungen in meinem Leben mit Ablehnung, Verrat, Missbrauch, Inquisition,

Verfolgung, Entführung, Demütigung, unerwiderter Liebe, Frustration und Stress jeglicher Art erworben habe.

Atme tief ein und dann entspannt aus. Ich vergebe mir für alle Fehler, die ich mit geliebten Menschen gemacht habe, einschließlich meines Partners, meiner Eltern, meiner Geschwister und meiner Kinder in diesem und allen anderen Leben, in dieser Realität und allen anderen Dimensionen in allen Richtungen von Zeit und Raum, in der Vergangenheit, Gegenwart und Zukunft. Ich vergebe mir selbst und wähle eine neue Zeitlinie, in der ich frei von dieser karmischen Vereinbarung bin. Ich vergebe mir selbst für jegliches aggressive Verhalten, das ich anderen gegenüber an den Tag gelegt habe, jegliches Verhalten, das Missbrauch, Belästigung, Verrat, Vergewaltigung, Folter und Verfolgung beinhaltet.

Atme tief ein. Ausatmen. Ich stimme mit dieser Botschaft überein. Ich vergebe mir selbst für jede Zeit, in der ich einer anderen Person in Not nicht geholfen habe. Ich vergebe mir selbst und wähle eine neue Zeitlinie, in der ich frei von dieser karmischen Vereinbarung bin. Ich vergebe mir selbst und lasse alle Auswirkungen meines Verhaltens in Bezug auf den Missbrauch meines Körpers los: Abtreibung, Prostitution, Rauchen, übermäßiges Essen und Trinken, Drogenkonsum. Ich vergebe mir selbst für all die Zeiten, in denen ich meine Intuition eines besseren Urteils ignoriert habe, und ich breche hiermit alle Armutsgelübde. Ich lasse diese Gelübde los und befreie mich von allen Auswirkungen dieser Gelübde, die ich in diesem und allen anderen Leben, in dieser Realität und allen anderen Dimensionen, in allen Richtungen von Zeit und Raum, in der Vergangenheit, Gegenwart und Zukunft, abgelegt habe. Ich löse hiermit alle Zölibatsgelübde auf und breche sie. Ich lasse diese Gelübde los und befreie mich von allen Auswirkungen dieser Gelübde, die ich in diesem und in allen anderen Leben, in dieser Realität und in allen anderen Dimensionen in allen Richtungen von Zeit und Raum, in der Vergangenheit, in der Gegenwart und in der Zukunft abgelegt habe. Ich löse hiermit alle Gelübde des Leidens auf und breche sie. Ich lasse die Gelübde des Leidens los und befreie mich von allen Auswirkungen dieser Gelübde, die ich in diesem und allen anderen Leben, in dieser Realität und allen anderen Dimensionen, in allen Richtungen von Zeit und Raum, in der Vergangenheit, Gegenwart und Zukunft gemacht habe. Hiermit löse ich mich von allen Gelübden und breche alle einschränkenden Überzeugungen, die ich in irgendeinem Leben und in irgendeiner Dimension durch Ertrinken, Verbrennen, Erhängen, Überschwemmung, Erdbeben, Fliegen, Kreuzigung, Fallen, Erstechen, Enthaupten, Insektenstiche, Schlangen, Vergiftung, Verbluten, Steinigung, Schüsse, Explosionen, Tornados, Wirbelstürme, Seuchen, Krankheiten, Kopfwunden Krieg, Unfälle, Selbstentzündung, Ersticken, Stechen, Folter, Verhungern, jeder Tod im Zusammenhang mit einer Pyramide, Atlantis, Lemuria, von Treibsand, herabfallenden Steinen oder Trümmern erdrückt zu werden, geopfert zu werden, eingeweiht zu werden, Verbrechen aus Leidenschaft, Eifersucht, von Tieren zertrampelt zu werden, von Tieren gefressen zu werden, von der Inquisition, Erniedrigung, Entführung, Vergewaltigung, ausgeraubt oder geschlagen zu werden.

Atme tief ein. Beim Ausatmen entspanne dich. Ich bitte darum, dass alles Karma in allen Richtungen von Zeit und Raum ausgeglichen wird, in der Vergangenheit, Gegenwart und Zukunft, in Beziehungen, die die Seele, die in diesem Leben meine Mutter ist, und die Seele, die in diesem Leben mein Vater ist, betreffen, die Seelen, die in diesem Leben die Rolle eines gesetzlichen Vormunds oder Stiefvaters gespielt haben, die Seelen, die in diesem Leben meine Liebhaber oder Ehepartner waren, die Seelen, die in diesem Leben meine geborenen oder ungeborenen Kinder waren, die Seelen, die in diesem Leben meine geborenen oder ungeborenen Geschwister waren, die Seelen, die in diesem Leben meine Stiefkinder und Kinder waren. Ich bitte darum, dass alles Karma in allen Richtungen von Zeit und Raum ausgeglichen wird, in der Vergangenheit, Gegenwart und Zukunft. Ich bitte darum, dass alles Karma mit den Seelen ausgeglichen wird, die in diesem Leben meine Arbeitgeber, Kollegen, Kunden, Kunden, Schüler und Angestellten waren, und mit den Seelen, mit denen ich zur Schule gegangen bin: meine Lehrer, Schuldirektoren, Trainer, Mitschüler und Freunde aus meiner Kindheit. Ich bitte darum, dass alles Karma mit den Seelen meiner Lieben ausgeglichen wird. Ich bitte darum, dass alles Karma in allen Richtungen von Zeit und Raum ausgeglichen wird, in der Vergangenheit, Gegenwart und Zukunft, mit den Seelen, die in diesem Leben meine Freunde waren, mit den Seelen meiner Haustiere in diesem Leben, mit den Seelen, die in diesem und anderen Leben eine Rolle als meine Ankläger gespielt haben. Ich bat darum, dass alles Karma in allen Richtungen von Zeit und Raum mit den Seelen ausgeglichen wird, die in diesem und in anderen Leben meine Rivalen waren, und mit den Seelen, die ich in diesem Leben noch treffen muss.

Ich erkenne an, dass ich in diesem und in anderen Leben Fehler in meinem Denken gemacht habe, und ich verstehe, dass diese Fehler ihren Ursprung in der Angst hatten, die eine unwirkliche Grundlage für alle Entscheidungen ist. Deshalb lasse ich diese und alle Ängste los und bitte darum, dass alle Auswirkungen meiner Fehler und meines angstbasierten Denkens vergeben und vergessen werden, und zwar in diesem Leben und in allen vergangenen, gegenwärtigen und zukünftigen Leben. Ich lasse die Auswirkungen aller Fehler los, die ich in meiner Kindheit, in meiner Jugend, in meinen frühen Erwachsenenjahren, in den letzten Jahren oder in der Zukunft begangen habe. Ich lasse alle Auswirkungen von Fehlern los, die ich in anderen Leben auf diesem oder einem anderen Planeten, in dieser Realität und allen anderen Dimensionen, in allen Richtungen von Zeit und Raum, in der Vergangenheit, Gegenwart und Zukunft gemacht habe. Ich übernehme die volle Verantwortung für diese Fehler und bitte alle Wesen der Liebe, des Lichts, des Mitgefühls, der Vergebung und der Weisheit um ihr Eingreifen, damit ich sie nicht wiederholen und diesen karmischen Kreislauf beenden kann. Ich bitte darum, dass aller Schmerz, der durch diese Fehler entstanden ist, in Lektionen des Wachstums und der Ausdehnung umgewandelt wird und dass das gesamte Karma und alle Beteiligten jetzt harmonisiert und ausgeglichen werden. Ich lasse das Karma los, harmonisiere es und bringe es ins Gleichgewicht, das mit jeder meiner romantischen Beziehungen in diesem und anderen Leben, auf diesem oder einem anderen Planeten, in dieser Realität und allen anderen Dimensionen in allen Richtungen von Zeit und Raum, in der Vergangenheit, Gegenwart und Zukunft verbunden ist. Ich lasse alle Auswirkungen von Fehlern los, die ich oder andere im Zusammenhang mit Romantik, Verliebtheit, Leidenschaft, Lust, Sexualität, Monogamie, Untreue, Eifersucht, Befruchtung, Empfängnis, Geburt und Ehe gemacht haben. Ich bin bereit, jede Unversöhnlichkeit loszulassen, die ich auf unbewusster Ebene in meinem Zellgedächtnis des physischen Körpers, in meinem Emotionalkörper oder in meinem Geist beherberge und die mit romantischen Verstrickungen wie unerwiderter Liebe, romantischem Verrat, Enttäuschungen, Streit, Kontrolle und Manipulation, Trennungen in allen Richtungen von Zeit und Raum, in der Vergangenheit, Gegenwart und Zukunft verbunden ist.

Tief einatmen, ausatmen, entspannen. Ich weiß, dass ich durch das Loslassen dieses Schmerzes Raum schaffe, mich reinige und öffne, um gesunde, liebevolle Beziehungen in meinem Leben zu empfangen und zu akzeptieren.

Atme tief ein, dann aus und entspanne dich. Ich bin bereit, alle Schmerzen und Leiden auf einer tiefen Zellebene loszulassen, die mit Sexualität verbunden sind, einschließlich emotionalem

Missbrauch, Erpressung, Kontrolle und Manipulation in Bezug auf Sex; Kontrolle und Manipulation in Bezug auf Geld, Belästigung, sexuelle Nötigung, Inzest, Vergewaltigung, Sadismus, Masochismus, Untreue, sexuelle Folter oder Missbrauch jeglicher Art, Pornografie.

Tief einatmen, ausatmen, entspannen. Ich bin bereit, alle Schmerzen und Leiden auf einer tiefen Zellebene loszulassen, die mit sexueller Beschämung durch Eltern, Geschwister, Liebhaber, Ehepartner, Freunde, Medien, organisierte Religion, Lehrer, medizinisches Personal oder andere Autoritätspersonen verbunden sind.

Atme tief ein, atme aus und entspanne dich. Ich umgebe mich jetzt mit einem mächtigen Schauer göttlichen Lichts und rufe Fragmente meiner Seelenessenz an, die an den Orten meiner Traumata zurückgeblieben sind. Ich rufe Fragmente meiner Seelenessenz an, die bei Menschen zurückgeblieben sind, mit denen ich zu tun hatte. Ich rufe diese Fragmente meiner Seelenessenz an, damit sie jetzt wieder mit mir vereint werden. Ich rufe diese Fragmente meiner Seelenessenz an, dass sie jetzt zu mir zurückkehren, durch die göttliche Lichtdusche gehen und von allen karmischen Ungleichgewichten, Schmerzen und einschränkenden Glaubenssätzen gereinigt werden. Ich rufe all diese Fragmente meiner Seelenessenz auf, jetzt zu mir zurückzukehren.

Ausatmen, entspannen. Ich befreie mich freiwillig von allen schmerzhaften Gedanken und Gefühlen, die ich über meinen Körper habe. Ich lasse alles Karma, das mit meiner körperlichen Gesundheit zusammenhängt, los, harmonisiere und stabilisiere es in diesem Moment. Ich wandle allen Schmerz in gesunde Lektionen um, um auf der Seelenebene zu wachsen und mich auszudehnen, und ich gebe das Bedürfnis auf, in meinem Körper zu leiden.

Atme tief ein und entspanne dich. Ich verpflichte mich, alles Wachstum und alle Ausdehnung durch Freude und Harmonie vollständig anzunehmen. Ich lasse alle Überzeugungen los, dass ich nur wachsen kann, wenn ich leide oder Not oder Schmerz erfahre.

Tief einatmen, ausatmen, entspannen. Ich lasse alle Glaubenssätze los, die mich dazu bringen, mich selbst bestrafen zu wollen, und ich bitte mein energetisches Unterstützungsteam, mir dabei zu helfen, meine Gedanken von Schuld und Scham zu reinigen.

Atme tief ein, atme aus und entspanne dich. Ich ersetze diese negativen Glaubenssätze durch die Energie der bedingungslosen Liebe, der radikalen Vergebung und des tiefen Mitgefühls und atme diese Energie ein.

Atme tief ein, atme aus und entspanne dich. Ich bin bereit, alles Karma loszulassen, das mit grausamen oder lieblosen Worten verbunden ist, die ich oder andere über mich gesagt haben. Ich erkenne, dass diese Worte aus der angstbasierten Perspektive der Ego-Persönlichkeit kommen, die von Natur aus lieblos ist. Ich verpflichte mich daher, nicht mehr nach Liebe in Form von Zustimmung aus der Ego-Perspektive und der Ego-Persönlichkeit anderer Menschen zu suchen. Stattdessen erkenne ich die Quelle aller wahren Liebe, des Mitgefühls, der Vergebung und der Zustimmung an und erkenne sie als Quelle, als Teil des göttlichen Aspekts eines jeden, dem ich begegne. Ich bitte nun Erzengel Michael und Erzengel Raphael und ihr Team von Engeln, mich mit heilendem blauem, lila und grünem Licht zu umgeben. Ich bitte die Engel, mich von allen Fesseln zu befreien, die durch Angst, Kontrolle und Manipulation entstanden sind, in jeder Beziehung, in diesem und jedem anderen Leben, auf diesem oder jedem anderen Planeten, in dieser Realität und allen anderen Dimensionen, in allen Richtungen von Zeit und Raum, in der Vergangenheit, Gegenwart und Zukunft. Ich bitte Erzengel Michael, alle angstbasierten ätherischen Schnüre zu durchtrennen und dass jede Schnur, die meine Lebensenergie oder meinen Enthusiasmus abzieht, jetzt von mir abgeschnitten wird.

Atme tief ein. Ich sehe, weiß und fühle in mir eine wunderschöne Kugel aus strahlend diamantweißem Licht. Ich sehe, weiß und fühle, wie diese Lichtkugel wächst und mich von innen wärmt, und ich befehle, dass dieses Licht meinen physischen Körper und die ihn umgebende Energie ausfüllt und meine Aura mit diesem göttlichen, heilenden Licht füllt. Ich sende jetzt göttliches Licht, gefüllt mit dem Segen bedingungsloser Liebe, radikaler Vergebung und tiefem Mitgefühl an alle, die jemals an mich gedacht, mich gesehen, von mir gelesen, von mir gehört oder mich persönlich oder online getroffen haben. Ich sende einen Segen der bedingungslosen Liebe, der radikalen Vergebung und des tiefen Mitgefühls an alle, die jemals an mich denken, mich sehen, über mich lesen, von mir hören oder mich persönlich oder online treffen werden, sei es auf diesem oder einem anderen Planeten, in dieser Realität und allen anderen Dimensionen, in allen Richtungen von Zeit und Raum, in der Vergangenheit, Gegenwart und Zukunft. Ich sende mir selbst Segenswünsche der bedingungslosen Liebe, der radikalen Vergebung und des tiefen Mitgefühls in alle Richtungen von Zeit und Raum, umarme mich selbst und sende mir diese Segenswünsche als Kind in diesem Leben, um mir zu versichern, dass alles gut ist und weiterhin gut sein wird. Ich sende Segenswünsche der bedingungslosen Liebe, der radikalen Vergebung und des tiefen Mitgefühls, um alle meine Kindheitsängste in alle Richtungen von Zeit und Raum zu lindern und auszulöschen. Ich sende Segenswünsche der bedingungslosen Liebe, der radikalen Vergebung und des tiefen Mitgefühls an mich selbst in anderen Lebenszeiten, umarme mich selbst, sende mir diese Segenswünsche und versichere mir, dass alles gut ist und weiterhin gut sein wird.

Atme tief ein. Mein Bewusstsein ist jetzt klar. Mein Körper ist leicht und gesund. Mein Herz ist erfüllt von Liebe und strahlender Freude. Ich bin frei und ich bin glücklich. Ich bin ein mächtiges Lichtwesen, das als Strahl des Glücks hierher geschickt wurde, um anderen die Sonne zu bringen. Ich erlaube dieser Kraft, durch mich in alle Richtungen von Zeit und Raum zu strahlen, in diesem und in anderen Leben, auf diesem und auf allen anderen Planeten, in dieser Realität und in allen anderen Dimensionen, in der Vergangenheit, in der Gegenwart und in der Zukunft, genau jetzt.

.

KAPITEL 11. AKASHA-GEBETE: VERBINDE DICH MIT DEINER SEELE FÜR DAS HÖCHSTE GUT ALLER

Das Akasha-Gebet ist eine Möglichkeit, für dein eigenes Leben, das Leben anderer Menschen und die Welt zu beten. Mit Akasha zu beten bedeutet, dass du ohne Worte betest und Gott oder den Geist um Hilfe in einem Bereich der Not bittest. Diese Art des Gebets kann jederzeit und an jedem Ort durchgeführt werden. Die Macht dieser Art von Gebet ist enorm, denn es sendet eine Bitte an das Universum für dich und andere, die vielleicht nicht wissen, dass sie Hilfe brauchen, aber Heilung von ihrem Schmerz oder Leid wünschen.

Das Beten mit Akasha hat auch einen großen Einfluss auf die Umwelt, denn es bringt Frieden und Gleichgewicht in die Natur, einschließlich der Pflanzen, Tiere, Insekten und Vögel.

Mit Akasha kannst du zwei Dinge tun: für etwas oder jemanden beten und darum bitten, die Akasha-Aufzeichnungen zu sehen, indem du dich selbst in einer Vision siehst und dorthin reist.

Ein akashaisches Gebet sprechen
Ein kleines und einfaches Gebet, das keine Worte braucht, lässt sich in wenigen Schritten verrichten. Als Erstes schließt du deine Augen und atmest ein paar Mal tief durch. Als Zweites

stellst du dir die Person vor, für die du betest, und als Drittes sagst du: "Ich spreche dieses Gebet für (Name der Person)". Du kannst ein Gebet für dich selbst oder für jemand anderen sprechen. Diese Art von Gebet muss auch nicht an einen bestimmten Ort oder eine bestimmte Zeit gebunden sein. Du kannst es überall und zu jeder Zeit sprechen, solange du damit einer anderen Person Liebe und Unterstützung schenkst.

Tägliches Gebet für Ausrichtung und Meditation

Wenn du um Hilfe bittest, ist es wichtig, dass du bestätigst, dass du bereit bist, diese Hilfe zu empfangen. Du willst dir bewusst machen, was in deinem Leben im Lot ist und dich gleichzeitig von negativen Einflüssen befreien. Mit diesem Gebet erreichst du beides: Du öffnest dein Herz und befreist dich von negativen Einflüssen.

Schreibe dein Gebet auf, wenn du fertig bist, und lege es auf deinen Altar oder an einen Ort, an dem du es jeden Morgen sehen kannst. Dies ist ein wichtiges Gebet für jeden, der sein Herz öffnen und gleichzeitig Führung ohne Blockaden empfangen will. Wenn du dich in einer schwierigen Situation befindest, denke nie, dass du keine Hilfe bekommst. Du brauchst nur zu fragen, und du wirst sofort Hilfe vom Universum erhalten.

Du kannst dieses Gebet an einem ruhigen Ort oder in Gedanken sprechen, während du durch deinen Tag gehst. Die einzige Voraussetzung ist, dass du es jeden Morgen machst, um dich für einen positiven und produktiven Tag zu öffnen:

Ich bitte jetzt darum, mit ________________ (spirituelle Führung) verbunden zu sein, damit ich die Worte hören kann, die das Höchste und Beste in meinem Leben widerspiegeln. Ich bitte darum, zu wissen, wie sich dieser Tag entwickeln wird, um ein positives Ergebnis für mich zu erzielen. Ich bringe alle meine Segnungen und Gaben ins Bewusstsein und wende mich von jeglicher Negativität oder Ablenkung ab, damit ich frei bin, die richtigen Entscheidungen für mich zu treffen.

Gebet für Selbstheilung

Dies ist ein sehr kraftvolles Gebet, wenn du es gleich nach dem Aufwachen sprichst. Es hilft dabei, alle negativen Energien des vergangenen Tages zu beseitigen und dein Herz für einen positiven neuen Tag zu öffnen.

Lies es laut vor, schreibe es auf und lege es an einen Ort, an dem du es jeden Morgen nach dem Aufwachen sehen kannst. Das ist ein hervorragendes Gebet für alle, die geheilt werden oder ein Ziel erreichen wollen; die Schritte sind sehr einfach zu befolgen. Sprich dieses Gebet jeden Morgen so lange, bis du dein Ziel oder deinen Wunsch erreicht hast. Sei dir bewusst, dass dies schnell geschehen oder Monate dauern kann. Es hängt alles davon ab, was in deinem höchsten Interesse liegt.

Dieses Gebet kann aufgeschrieben und laut vorgelesen werden, wenn du Führung oder Heilung für dich brauchst. Es ist am effektivsten, wenn du es im Sitzen mit geschlossenen Augen sprichst:

Mein Herz verspürt den tiefen Wunsch, ____________ (fülle die Lücke aus) zu sein. Ich bin jetzt bereit, ohne zu zögern, vom Universum alles zu erhalten, was ich brauche, um der Mensch zu werden, der ich sein soll. __________ (fülle das Leerzeichen aus) ist mein höchstes Ziel und meine Bestimmung, und mit diesem Gebet bitte ich um Führung, wie ich meine Träume am besten verwirklichen kann.

Ich bitte jetzt um all die Weisheit, Energie und Liebe von Gott/Geist, damit ich jeden Morgen in der Wahrheit erwachen kann, die ich bin. ___________ (fülle die Lücke aus) ist mein größtes Geschenk und ich werde es heute mit der ganzen Menschheit teilen.

Ich bitte darum, dass dieses Gebet mit Licht, Liebe und Frieden erfüllt wird, damit es durch mich hindurchstrahlt und auch andere segnet. Danke, dass du meinen Ruf nach Hilfe erhört hast. Bitte leite und segne mich mit Liebe, Weisheit, Führung und spirituellem Bewusstsein, damit ich auf meinem Weg zu __________________________ (fülle die Lücke aus) geführt werde.

DEINE SEGNUNGEN MIT ANDEREN TEILEN

Dieses Gebet kannst du jeden Morgen nach dem Aufwachen wiederholen oder wann immer du dich dazu berufen fühlst, es erneut zu sprechen. Es hilft denjenigen, die Hilfe suchen, einen besseren Platz im Leben zu finden.

Einer der größten Vorteile des Gebets ist, dass du deinen Segen mit anderen teilen kannst, sobald du Hilfe für dich selbst erhalten hast. Dieses Gebet wird dir zeigen, wie:

Ich fühle mich so gesegnet und danke Gott/Geist für ______________________ und bitte nun darum, diesen Segen mit anderen zu teilen. Mein Geist ist voller wunderbarer Gedanken, und mein Herz fließt über vor Liebe, damit ich meine Botschaft weitergeben kann, damit alle, die Hilfe brauchen, sie finden. Danke, Gott/Geist, dass ich der Menschheit jeden Tag positiv dienen kann. Mein Ziel ist es, die beste Person zu sein, die ich sein kann, um die Qualität des menschlichen Lebens auf der Erde zu verbessern.

Gott/Geist, bitte schicke mir alle, die meine Botschaft hören wollen, und segne sie mit Heilung oder Hilfe. Bitte leite mich, wie ich diesen Segen am besten an die Menschheit weitergeben kann. Danke, dass du mich kennst und mir hilfst, der Mensch zu werden, der ich sein soll. Dieses Gebet ist nun vollständig, wir vertrauen auf Gott/Geist.

GEBET DER SELBSTLIEBE

Dieses Gebet soll der Person helfen, an einen Ort zu gelangen, an dem sie Liebe von anderen annehmen kann. Dieses Gebet eignet sich auch für jemanden, der so oft verwundet, missbraucht und verletzt wurde, dass er sich nicht mehr sicher ist, ob ihn jemand lieben kann. Wir bitten Gott/Geist, Licht in die dunkelsten Momente zu bringen, um Kraft und Mut zu finden.

Wenn wir diese Worte laut aussprechen oder in unserem Kopf denken, wird das Universum zu einer reinen, gebenden Kraft, die nicht darüber urteilt, ob jemand es verdient, dass seine Gebete erhört werden oder nicht.

Mein Gebet ist es, jeden Tag als einen neuen Anfang zu akzeptieren. Möge ich mich heute dafür entscheiden, positiv und zielgerichtet zu sein. Ich werde mich ohne Bedauern an die Vergangenheit erinnern, aber mit Dankbarkeit dafür, dass ich gelernt habe, wie ich mich in der Gegenwart mehr lieben kann, damit meine Zukunft heller wird. Lass all das Gute im Leben wie einen sanften Strom durch mich hindurchfließen, der hell leuchtet. Möge ich heute vor allem Gott, andere und mich selbst ehren, indem ich einen positiven Unterschied mache, wo immer ich mich entscheide, meine Gedanken und Handlungen darauf zu richten.

Ich bin ______________________. Ich liebe und akzeptiere mich, so wie ich bin.

Ich bin ______________________. Ich bin genug. Ich werde nicht die Last des Urteils oder der Kritik tragen.

Ich bin ______________________. Ich bin würdig und verdiene bedingungslose Liebe und Glück.

Ich bin ______________________. Ich lasse meine früheren Anhaftungen und Verhaltensweisen los, die mir nicht mehr dienlich sind, und entscheide mich dafür, die Kraft in mir selbst anzunehmen.

Ich bin ______________________. Ich lasse meine Ängste los und öffne mich für bedingungslose Liebe, Freude, Frieden und Glück.

Ich bin ______________________. Ich sehe mich selbst als ein kraftvolles Wesen aus Licht und Liebe, das alles Gute verdient hat.

Gebet um Führung zu erhalten

Der Zweck dieses Gebets ist es, Gott oder den Heiligen Geist jeden Abend vor dem Schlafengehen um eine Botschaft der Führung zu bitten. Dieses Gebet kann auf drei verschiedene Arten gesprochen werden: 1) Du sprichst es laut aus, 2) du wiederholst es im Stillen in deinem Kopf oder 3) du schreibst es auf. Es ist wichtig, dass du dir über die Art der Führung im Klaren bist, die du dir wünschst und die du brauchst, um effektiv zu sein.

Ich bin ___________________. Ich bitte darum, dass mein Guide und die Geistführer dieser Gruppe mich in ihrer liebevollen Fürsorge halten, während wir uns öffnen, um göttliche Inspiration, heilende Energie und Klarheit des Geistes zu empfangen.
Ich öffne mich jetzt für klare Gedanken, spirituelles Wissen und Inspiration durch das Göttliche in mir. Wenn ich mit diesem Prozess fortfahre, bin ich auch offen dafür, göttliche Heilung in meinem Körper, meinem Geist und meinen Gefühlen zu empfangen.
Durch diesen göttlichen Prozess des intuitiven Denkens erhalten wir die Inspiration, das Wissen, die Liebe und das Glück, die wir für unser höchstes Gut brauchen. Wir erbitten diese Dinge von Gott, dem Göttlichen in uns, und allen Führern, die jetzt bei uns sind. So sei es.
Wenn wir uns für intuitives Denken und spirituelle Inspiration öffnen, sollten wir alle negativen Gedanken loslassen, die uns nicht mehr dienen. Machen wir Platz für eine neue Ebene der Einsicht und des Verständnisses in unserem Geist.
Lass die Energie der Liebe uns jetzt in diesem Raum umgeben. Wir bitten Gott um seinen göttlichen Schutz, während wir den Dingen zuhören, die uns in unserem Leben heute und in der Zukunft helfen werden. Wir erbitten dies von Gott, dem Göttlichen in uns und allen anwesenden Guides in dieser Zeit. So sei es.
Nachdem wir nun um Einsicht und Verständnis für unsere größten Sorgen gebeten haben, lasst uns alle offen sein für die spirituelle Führung durch unsere Seelen und die Seelen derer, die jetzt in diesem Raum anwesend sind. Diese Energien werden uns segnen, Einsicht in unsere aktuellen Probleme geben und uns helfen, wirklich richtige Entscheidungen zu treffen. Ich bitte auch darum, dass mein Schutzengel sich meldet, um mich vor allem Unheil und Negativem zu schützen, während wir uns auf diesen intuitiven Prozess einlassen. So sei es.

GEBET DER VERGEBUNG FÜR ANDERE

Dieses Gebet soll dir helfen, anderen zu vergeben, die dich auf eine Weise verletzt haben, die nicht mehr deinem höheren Wohl dient. Es kann verwendet werden, wenn du an bestimmte Menschen oder an alle Menschen gleichzeitig denkst.

Vergebung ist nicht etwas, das du aus Pflichtgefühl gibst, sondern weil es uns erlaubt, emotional zu heilen und Dinge hinter uns zu lassen, die uns vielleicht zurückhalten. Wir alle kennen Menschen, die uns irgendwann im Leben verletzt oder schlecht behandelt haben, aber das bedeutet nicht, dass wir diese Gefühle Tag für Tag und Jahr für Jahr mit uns herumtragen müssen. Vergebung ist ein mächtiges Werkzeug, das es uns ermöglicht, die negativen Gefühle loszulassen, die wir haben, wenn wir von einem anderen Menschen verletzt oder schlecht behandelt werden. Dieses Vergebungsgebet kann zu jeder Zeit und an jedem Ort gesprochen werden, egal ob du allein oder mit einer Gruppe von Menschen bist.

Am effektivsten ist es jedoch, wenn alle, die beim Gebet anwesend sind, es gleichzeitig als Gruppenmeditation verrichten. Wenn das aus logistischen oder anderen Gründen nicht möglich ist, kann sich jeder das Gebet zu Herzen nehmen und es auf seine Weise anwenden.

Meine Familie und meine Lieben, ich vergebe euch. Ich weiß, dass wir alle durch die Akasha-Aufzeichnungen miteinander verbunden sind und dass wir uns keine Sorgen um andere machen müssen, denn sie kümmern sich um sich selbst. Das ist es, was ich von nun an tue - mich selbst mit Gnade, Frieden und Verständnis zu lieben. Vergebung sollte niemals schwer sein, wenn wir aus diesem Raum des Verständnisses kommen. Ich lebe in Harmonie mit jedem Lebewesen auf der Erde und danke dir für den Segen, der mir zuteil geworden ist. Gesegnet sei!

Gebet zur Reinigung der Energie anderer

Dieses Gebet kann verwendet werden, wenn du ein Gefühl (körperlich, emotional oder geistig) spürst, das von jemand anderem stammen könnte. Empathische Absorption wird gemacht, um andere zu verstehen oder ihren Schmerz zu heilen. Menschen kommen in unser Energiefeld, um uns zu verstehen, um körperliche Energie zu empfangen oder manchmal, um mit uns zu kommunizieren. Diese unbewusste Handlung ist kein Dienst an uns. Wenn wir zulassen, dass andere unser Energiefeld ausfüllen, ist es fast unmöglich, sich auf unseren Seelenweg zu konzentrieren, denn es ist schwer zu wissen, was das ist.

Mutter/Vater/Göttin/Gott, bitte hilf mir, alle Fremdenergien, die sich in meinem Körper, meiner Aura und meinem Energiefeld befinden, zu klären und loszulassen. Bitte schicke sie zurück zu der Person, von der sie stammen, oder schicke sie zur göttlichen Quelle, damit sie zum höchsten Wohl aller wiederverwertet werden. Ich bin mit der reinsten Energie und der höchsten Schwingung erfüllt, die ich jetzt halten kann.

Tägliches Gebet zur Reinigung von Entitäten und Energiemustern
Dieses Gebet kannst du persönlich benutzen, um Energien loszulassen, die deine Entwicklung und Führung behindern. Du kannst es auch für andere Menschen verwenden, wenn sie sich Hilfe wünschen. Wesenheiten haben oft Verträge mit uns, und du kannst in deine Akasha-Aufzeichnungen gehen und

Informationen über diese Verträge erhalten, um die Klärung endgültig abzuschließen.

Ich rufe Erzengel Michael und seine Legionen sowie die Akasha-Wesen des Lichts und die göttliche Quelle. Bitte umgibt mich mit eurem Licht und eurer Liebe und beschützt und behütet mich, während ich anordne, dass alle Energien, Störungen, Gedanken, Gefühle, Muster, Programmierungen und Prägungen in Zeit und Raum, in allen Dimensionen und Ebenen und an allen Orten und Ebenen, die nicht mit meiner höchsten und besten Akasha-Blaupause übereinstimmen, losgelassen und gereinigt werden. Du wirst meinen Körper, meinen Geist und mein Energiefeld verlassen. Jetzt und für immer!

Tägliches Gebet zur Unterstützung der Vorwärtsbewegung

Mit diesem Gebet kannst du jede Energie loslassen, die dich von deiner Entwicklung abhält.

Mutter, Vater, Göttin, Gott, bitte löse die Bande, die mich binden. Hilf mir, mich außerhalb von Zeit und Raum auszudehnen, um jede in der Vergangenheit gefangene Energie zu klären und loszulassen, vom Anbeginn der Zeit bis zum jetzigen Augenblick. Bitte hilf mir, meine höchste Energie zu sammeln, um den Antrieb zu haben, auf meinem Seelenweg voranzukommen und meine Seelenaufgabe zu erfüllen. So ist es. Gesegnet sei.

Gebet für die Verwirklichung deiner Träume

Dieses Gebet eignet sich perfekt in Verbindung mit dem Gebet "Zur Unterstützung der Vorwärtsbewegung" oder allein, um dich auf deine Talente zu konzentrieren.

Ich bin klar. Ich bin fokussiert. Ich bin bereit, alles zu tun, was nötig ist, um meine Träume wahr werden zu lassen. Ich weiß, dass meine Klarheit mit Hilfe der Akasha-Aufzeichnungen Wunder in meinem Leben bewirkt. Ich werde gesehen, gehört und für meine Gaben und Talente anerkannt. Das Universum hat sich mit mir verschworen, um Magie geschehen zu lassen und meine Träume wahr werden zu lassen. So ist es. Gesegnet sei.

Tägliches Gebet, um den Himmel auf Erden zu schaffen

Dieses Gebet kann uns daran erinnern, dass in unserem Körper und in unserer Seele große Kraft steckt und dass beides zusammen einer der einfachsten Wege ist, sich jetzt zu manifestieren.

Wenn ich die Kraft der Seele mit der Kraft des Körpers verbinde, kann ich mich hier auf der Erde mit Leichtigkeit und Anmut manifestieren. Ich bin ein Schöpferwesen mit einer Aufgabe. Ich erschaffe jetzt den Himmel auf Erden. So ist es. Gesegnet sei.

GEBET FÜR EIN STARKES GEFÜHL DES EINSSEINS MIT ALLEN LEBEWESEN

Wir haben ein starkes Gefühl der Verbundenheit und des Einsseins mit allen Lebewesen. Mit diesem Gebet kannst du dieses Gefühl der Einheit stärken.

Ich bin eins mit allen Lebewesen im Universum. Wir sind ein und dasselbe. Wir sind durch die göttliche Quelle verbunden und handeln als Einheit, um den Zweck des Lebens zu erfüllen. So ist es. Gesegnet sei.

GEBET ZUM ENTFERNEN NEGATIVER ENERGIE

Dieses Gebet soll uns daran erinnern, alle Negativität aus unserem Körper und Energiefeld zu entfernen. Es zieht alle negative Energie zurück in die Erde, wo sie sich auflöst und von der Erde harmlos wieder aufgenommen wird. Dieses Gebet ist auch perfekt, um dein Zuhause und dein Büro zu reinigen.

Entferne alle negativen Energien, Emotionen, Gedanken, Prägungen und Erinnerungen, die nicht zu mir oder dem höchsten Gut gehören, von diesem Ort hier und jetzt. Du sollst meinen Körper, meinen Geist und meine Seele für immer verlassen! So ist es. Gesegnet sei.

GEBET ZUR BEFREIUNG VON UNSICHERHEITEN

Dieses Gebet wird am besten an einem ruhigen Ort gesprochen. Es kann so oft wie nötig verwendet werden.

Ich bitte darum, dass die Energien der Unsicherheit, der Angst und des Zweifels jetzt und für alle Zeiten aus meinem Bewusstsein entfernt werden. Ich weiß, dass ich über alle Maßen geliebt werde, und ich liebe mich selbst vollkommen, ohne Grenzen oder Begrenzungen für diese Liebe. So ist es. Gesegnet sei.

Gebet zur Befreiung von Furcht

Dieses Gebet wird am besten an einem ruhigen Ort gesprochen. Es kann so oft wie nötig verwendet werden.

Ich lasse alle Ängste, die ich in mir trage, jetzt und für immer los! Ich weiß, dass die göttliche Quelle mir nur Erfahrungen, Lebenslektionen und Gelegenheiten schicken wird, die mit meinem höchsten Weg übereinstimmen. Und ich bin dankbar für die Erfahrung, auch wenn sie schwierig erscheint. Ich befreie mein Herz, meinen Geist, meinen Körper und meine Seele von aller Angst und allen Gefühlen der Unwürdigkeit - jetzt und für immer! So ist es. Gesegnet sei.

Das Akasha-Gebet ist eine Möglichkeit, für dein eigenes Leben, das Leben anderer Menschen und die Welt zu beten. Mit Akasha zu beten bedeutet, dass du ohne Worte betest und Gott oder den Geist um Hilfe in einem Bereich der Not bittest. Diese Art des Gebets kann jederzeit und an jedem Ort durchgeführt werden. Die Macht dieser Art von Gebet ist enorm, denn es sendet eine Bitte an das Universum für dich und andere, die vielleicht nicht wissen, dass sie Hilfe brauchen, aber Heilung von ihrem Schmerz oder Leid wünschen. Selbst wenn du Schwierigkeiten hast, Frieden in deinem Körper, deinem Geist, deinem Herzen und deiner Seele zu finden, kann diese Form der Meditation Wunder bewirken, um dich mit der göttlichen Quelle zu verbinden und durch spirituelle Energie zu manifestieren, was wir in unserem Leben wollen. Die einzige Begrenzung, die wir haben, ist die, die entsteht, wenn wir nicht an unser kosmisches Potenzial glauben oder ihm vertrauen.

.

Fazit

Manche glauben, dass die Akasha-Aufzeichnungen die Aufzeichnungen sind, die alle Menschen durchlaufen, damit sie auf ihrer Reise lernen und wachsen können.

Warum glauben die Menschen an diese Aufzeichnungen? Was genau sind die Aufzeichnungen und wer hat sie erschaffen? Sind sie ein Weg für unsere Seelen, uns zu entwickeln, wie wir auf der Erde leben sollten, oder etwas ganz anderes? Warum glauben manche Menschen nicht an sie? Und was bedeutet es für sie, an die Akasha-Aufzeichnungen zu glauben?

Ich glaube, dass die Akasha-Aufzeichnungen unser Leitfaden für ein gutes Leben auf dieser Erde sind und dass sie uns sagen, wie wir gute Menschen sein sollten, um ein besseres Leben zu haben, aber jeder hat ein Recht auf seine eigene Sichtweise.

In den alten Texten heißt es, dass die Menschen, die vor Tausenden von Jahren lebten, von den Akasha-Aufzeichnungen wussten und dass sie ihnen als Leitfaden für ihr Leben auf der Erde dienten. Doch im Laufe der Zeit entstanden verschiedene Religionen, die alle eine andere Geschichte über die Entstehung dieser Aufzeichnungen erzählten, was in unserer Gesellschaft zu Verwirrung darüber führte, wie wir die Akasha-Aufzeichnungen sehen sollten.

Heute wissen die meisten Menschen nichts über die Akasha-Aufzeichnungen und glauben, dass diese Aufzeichnungen so etwas wie eine Videokamera sind, die alles aufzeichnet, was wir in unserem Leben tun. Aber es gibt einige Menschen, die behaupten, dass sie in das Akasha-Reich hineingehen und sehen konnten, wie es erschaffen wurde, und soweit ich weiß, ist das etwas Spirituelles.

Diese Aufzeichnungen sagen uns nicht, wie wir unser Leben leben und was für ein Mensch wir sein sollen, denn das hängt von jedem Einzelnen ab, aber ich glaube, dass dieses Buch uns sagt, wie wir bessere Menschen werden können, so wie es in den alten Texten steht. Egal, an was wir glauben, welcher Religion wir folgen, die Akasha-Aufzeichnungen sagen uns immer, dass wir gute und freundliche Menschen sein sollen, um die guten Dinge im Leben zu erhalten.

Ich glaube, dass die Akasha-Chronik den Menschen eine Möglichkeit bieten, mit Frieden und Liebe durch ihr Leben zu reisen, und dass sie ihnen Orientierung geben.

Die Akasha-Chronik gibt es schon seit der Antike, aber wegen verschiedener Religionen haben die Menschen angefangen zu glauben, dass sie etwas anderes sind, meistens denken sie, dass diese Aufzeichnungen wie eine Videokamera sind.

Dies ist die Erklärung, wie ich die Akasha-Aufzeichnungen sehe und was ich persönlich glaube, aber jeder hat das Recht auf seine eigene Meinung.

Ich glaube, dass der Glaube an diese Bücher uns helfen kann, ein besseres Leben zu führen, wenn wir diese Informationen als Leitfaden dafür nutzen, wie wir gute Menschen sein sollten, die mit Frieden und Liebe leben.

Manche glauben, dass die Akasha-Chronik ein Ort sind, an dem die menschliche Erinnerung an alle Ereignisse und Emotionen, die jemals in der Geschichte der Menschheit erlebt wurden, existiert. Dazu gehören die Zeit vor der Geburt, vergangene Leben, alternative Leben, Paralleluniversen und reines Bewusstsein. Die Energie unserer Gedanken und Emotionen, die in diesen Aufzeichnungen enthalten ist, kann (angeblich) in den

Akasha-Aufzeichnungen gelesen, angesehen oder durchsucht werden.

Die Aufzeichnungen wurden angeblich von einer Zivilisation vor den alten Zivilisationen, die wir heute kennen, geschaffen. Viele Menschen glauben, dass sie einer großen Computerdatenbank ähneln, die alle vergangenen, gegenwärtigen und zukünftigen Ereignisse für jeden Menschen auf der Erde und möglicherweise auch auf anderen Planeten enthält.

Man glaubt auch, dass diese Aufzeichnungen die Quelle der göttlichen Führung für den richtigen Lebensweg eines jeden Menschen sind. Sie enthalten angeblich unsere spirituellen Lernlektionen aus allen gelebten Leben (Vergangenheit, Gegenwart und Zukunft). Ich glaube, dass wir diese Lektionen vor der Geburt für uns selbst wählen, weil wir mehr über die spirituelle Seite der Dinge lernen wollen.

Die Aufzeichnungen befinden sich angeblich auf der Astralebene und können dort mit fortgeschrittenen übersinnlichen Fähigkeiten eingesehen werden. In der Geschichte gab es schon viele Fälle, in denen Menschen diese Aufzeichnungen sehen oder lesen konnten.

Die Akasha-Aufzeichnungen sind unser Leitfaden für ein gutes Leben. Die alten Texte sagen, dass dies ein Geschenk ist, das uns gegeben wurde, um uns durch unser Leben zu helfen. Nutze also das Wissen aus diesem Buch, um bessere Entscheidungen in deinem Leben zu treffen.

Die Aufzeichnungen enthalten die Details aus all unseren Leben und wenn wir diese Informationen als Leitfaden dafür nutzen, wie wir bessere Menschen werden können, dann glaube ich, dass das Leben einfacher sein wird. Alles, was es braucht, ist eine Person, die diese Dinge positiv sieht und glaubt, dass das

Leben verändert werden kann: Ich glaube, dass die Akasha-Rollen diese Welt zu einem besseren Ort machen können.

Die Aufzeichnungen sagen uns, wie unser Leben in naher Zukunft aussehen wird, aber auch, wie es sich entwickeln wird, wenn wir diese Informationen nicht als wichtig erachten und uns entscheiden, unseren Weg nicht zu ändern. Deshalb sollten wir von ihnen lernen und ein besseres Leben führen.

EIN BERICHT WÜRDE HELFEN!

Ich hoffe, dass dir dieses Buch gefallen hat und dass es deine Zeit wert war. Wenn ja, wäre ich dir sehr dankbar, wenn du mir eine Rezension auf Amazon hinterlassen könntest, damit andere Leserinnen und Leser mein Werk finden. Der Markt ist heutzutage hart umkämpft - deshalb sind Rezensionen für Autorinnen und Autoren wie mich, die wollen, dass ihre veröffentlichten Werke von der breiten Masse gesehen werden, so wichtig! Es kostet dich nur 30 Sekunden deiner Zeit, aber es trägt entscheidend dazu bei, dass aufstrebende Autorinnen und Autoren mehr Aufmerksamkeit von potenziellen Käufern erhalten, die auf der Suche nach neuen Büchern sind.

Nochmals vielen Dank, dass du mein Buch gelesen hast, viel Spaß beim Rezensieren!

Falls dir die Ideen gefallen haben oder du etwas Nützliches daraus gelernt hast, kannst du unter folgendem Link eine ehrliche Bewertung online abgeben:

HINTERLASSE HIER EINE BEWERTUNG:

>> https://swiy.io/AkashicRecordsMGReview<<

ODER scanne den QR-Code mit deinem Handy*: